Descu... Verdadera Personalidad

Por
Dr. Robert A. Rohm

ACLARACIÓN: El propósito de este libro es proporcionar una comprensión
de verdades bíblicas y de principios psicológicos, para que el lector los
aplique a sus relaciones interpersonales. No se pretende que el libro
reemplace la consejería profesional en casos de trastornos emocionales
o psicológicos. Se recomienda consultar con un consejero
o terapeuta para cuestiones fuera del alcance de esta publicación,
cuya intencion es de uso general, y no para tratamiento específico.

Personality
INSIGHTS
PRESS

Editado por Personality Insights, Inc.
Post Office Box 28592
Atlanta, Georgia 30358-0592 EE.UU.

ISBN 0-9641 080-5-4

Primera edición, septiembre de 1992
Décima edición Marzo de 2006
Tercera edición revisada, Abril 2016
Cuarta edición, Marzo 2017

NUEVA EDICION

Descubra su Verdadera Personalidad

Dr. Robert A. Rohm

Descubra el secreto para mejorar sus relaciones con la gente

Prólogo por Zig Ziglar

Tabla de contenidos

Dedicatoria

En noviembre de 1991, hablé ante unos 7, 000 maestros en la Convención Internacional de la Asociación de Escuelas Cristianas en Anaheim, California. A los maestros se les pidió que escribieran sus comentarios, los cuales me hicieron llegar, después de ser revisados por el personal de la Convención. Al leerlos, me llamó la atención una observación conmovedora:

> Gracias por decirme que Dios me dio una personalidad única. He sido cristiana durante 23 años, y he participado en un ministerio de consejería en diversas organizaciones cristianas. Hace quince años alguien me dijo que debía dejar que Dios cambiara mi personalidad. Traté de todo corazón pero nada cambió Interiormente alegaba que El me había hecho como era. ¿Por qué iría a cambiarme? Sin embargo intenté todas las vías. La información que usted ha compartido con nosotros hoy me ha esclarecido todo. Aún estoy luchando por ganar control emocional, pero es como si me hubieran quitado un gran peso de encima. ¡Gracias muchísimas gracias!

Teniendo en cuenta que he sido un educador durante unos 20 años, y que personalmente creo que los maestros son las personas más influyentes en la faz de la tierra, dedico la edicón de este libro a todos los maestros, a mis compañeros de trabajo, que están ayudando a que los jóvenes aprendan y crezcan. Confío que el contenido de este libro les dará una información clara para que se comprendan a sí mismos, a sus hijos y a sus estudiantes, y a su vez, para que sean más productivos en su trabajo díario.

¡Que Dios los bendiga!

Prólogo

Me complace escribir estas pocas palabras de introducción para mi amigo de muchos años, el Dr. Robert Rohm. *Descubra su verdadera personalidad* es un libro influyente. Robert es uno de los comunicadores más claros que haya escuchado jamás, y las verdades que él expresa en estas páginas pueden cambiar su vida.

Puedo afirmar esto porque la comunicación ha sido mi vida. Yo creo que es la clave para lograr relaciones saludables y felices, asi como para el éxito en el mundo de las finanzas.

Siendo yo mismo tengo una personalid dominante e infuyente (*D/I alto*) creo y aprecio los principios que se encuentran en este libro. Nosotros los aplicamos en mi propia compañía y hemos obtenidos inmensos beneficios gracias a ellos. ¡Se deleitarán con las páginas que siguen!

Zig Ziglar
Zig Ziglar Corporation
Carrollton, Texas

Reconocimientos

En 1992 comence a trabajar en *Positive Personality Profiles*. La aceptación tan favorable que tuvo el libro me ha sorprendido; ¡más de 100, 000 ejemplares han llegado alas manos de personas como usted!

Agradezco a mi colega, Dr. Mels Carbonell, por enseñarme los tipos de personalidad en una forma comprensible. El me mostró este material mientras yo hacía mis estudios de postgrado en Dallas, Texas. Aunque he estudiado y aprendido mucho al correr de los años, fue Mels quien me mostró el valor de este material, y cómo podían beneficiar otras personas. Las "aplicaciones prácticas" proceden en gran medida de su sabiduría, su comprensión y su pluma.

Le agradezco a Dios, la familia singular que El me dio. El tener por lo menos una personalidad de cada tipo viviendo con uno, ayuda a entender los diferentes tipos de personalidad. De esta forma, el material no sólo es fresco, ¡es también real! Viene del laboratorio de la vida. Estoy completamente convencido de la validez de esta información porque *he visto sus resultados* en el vivir díario.

Puede que esto suene egoísta, pero si sólo yo y nadie más logrará algo de este material, sería aun así valioso, por lo que ha significado para mi propia vida y mis relaciones. Sólo hubiera deseado conocerlo antes. Habría que enseñarlo a partir de la edad de 10 años. Produciría resultados útiles por toda una vida.

Al publicar este libro en castellano, quisiera agradecer a Rebeca Ismay y a Otmara González, quienes no sólo pasaron mis palabras al castellano, sino que supieron interpretar y expresar mis ideas. Gracias a sus esfuerzos y las contribuciones de sus colaboradores, usted puede útilizar esta información para mejorar cada relación en su vida.

Prefacio

A principios de 1950, cada martes por la noche una dama soltera, creyente viajaba unos 70 kilómetros de Atlanta a un pueblo para enseñar historias bíblicas medíante un flanelógrafo a un grupo de niños revoltosos. ¡Yo sé que eran revoltosos porque yo era uno de ellos! Cada semana nos enseñaba una lección maravillosa. Ya que era una magniífica maestra y estaba bien preparada, no teníamos tiempo para portarnos tan mal como nos hubiera gustado. Aunque lo intentábamos, no lo lográbamos porque ella, sin parar en nuestros intentos, nos mostraba su amor y nos brindaba sus enseñanzas. Aún hoy, siento su amor por nuestra pequeña clase. En el presente, todos los que estabamos en esa clase somos adultos. Casi todos estamos ahora de tiempo completo en el trabajo cristiano. El amor es una fuerza poderosa.

A medida que he crecido y espero también madurado en el curso de los años, he observado que lamentablemente se carece de una cualidad en la mayoría de las iglesias: el amor. Jesús dijo: "En esto conocerán todos que sois mis discípulos, si tuviereis amor los unos con los otros" (Juan 13:35). De todas las cosas a las que podía hacer referencia, ¿por qué dijo El que la única cualidad que caracterizaría a los verdaderos discípulos sería el amor de el uno por el otro? Hubiera tenido más sentido haber dicho: "Todos los hombres conocerán que ustedes son mis discípulos si ustedes... construyen un edificio grande para la iglesia", o "dan una gran cantidad de dinero" o "captan una gran cantidad de personas para su lista de miembros", o "tienen un gran resultado en sus programas de evangelización y en sus misiones". No tienen nada de malo estas afirmaciones. Sin embargo, ninguna identifica a un discípulo verdadero, tal como Jesús lo definió.

Así que, con los años, me he hecho siempre estas preguntas:

¿Por qué las personas en las iglesias, que saben tantas historias bíblicas y que incluso han memorizado versículos, no pueden llevarse bien entre sí? ¿Poqrué no pueden cooperar entre sí los miembros de una familia? A lo largo del camino, quedé consternado al aprender que la razón principal por la cual los misioneros abandonan la misión es que no pueden llevarse bien entre sí. ¿Por qué...? ¿Cómo puede ser...?

Más adelante, medíante una serie de sucesos que ustedes conocerán en este libro, mis ojos comenzaron a abrirse, y lo vi claramente. La razón por la cual las personas no se aman entre sí es porque *¡no se comprenden!* ¿Cómo puede usted amar a alguien a quien no comprende, a alguien totalmente diferente a usted, con una forma distinta de pensar y actuar que es ajena a la forma en que usted piensa y actúa?

La respuesta a esta pregunta revolucionó mi vida entera. Ha afectado cada una de mis relaciones. Reestructuró la forma en que veía a mi esposa. Rediseñó el modo en que eduqué a mis cuatro hijas. Reconstruyó mi habilidad para amar y aceptar a otras personas. Ahora me doy cuenta por qué Jesús dijo: "En esto conocerán todos que sois mis discípulos, si tuviereis amor los unos con los otros". El fue sabio, El sabía exactamente lo que estaba diciendo. Finalmente, descubrí la llave que desentraña tal misterio: está contenida en este libro.

A medida que lea este material, espero esclarecerle cómo usted también puede verdaderamente aprender a amar a otras personas y a apreciar el modo único en que Dios nos hizo a cada uno de nosotros. ¡El amor es una fuerza poderosa!

Comentario final...

A lo largo de este libro uso pronombres en masculino para facilitar la lectura y hacerla menos cargada. De otro modo tendría que usar ambos generos; "de él o de ella", "a él o a ella", "de él o de ella", y así sucesivamente, lo cual afectaría la velocidad de la lectura.

No quisiera que se me vea como machista. He vivido con cinco mujeres: una esposa y cuatro hijas. Era la minoría en lo que parecía ser una organización de mujeres. Mi mayor temor en la vida era entrar al baño de noche y quedar estrangulado por las medias allí colgadas. ¡También temo que la capa de ozono en la atmósfera haya sido afectada por el uso de los aerosoles de los baños en mi casa! ¡Hasta el perro en mi casa era hembra! Mis hijas ya han crecido y las sigo apreciando y respetando. Ciertamente las incluyo a ellas y a las demás mujeres en todos los pronombres masculinos generales.

Prefacio a la nueva edición

Han pasado veinte años desde la primera edición en inglés de *Descubra su Verdadera Personalidad*. Se ha reimpreso catorce veces y también ha sido traducida a varios idiomas: español, francés, coreano, polaco y checo, así como otros.

¿Quién hubiera pensado que escribir toda esta información personal sobre papel podría crear tanto interés? Ciertamente, yo no! Yo simplemente quise divulgar los conceptos que se encuentran en este libro con el fin de ayudar a las personas que tenían problemas con otras personas. Mi reto era con Raquel, mi hija mayor. Seguía orando y pidiéndole a Dios que la cambie. Yo no sabía que Dios estaba tratando de cambiarme a mí! Él estaba tratando de enseñarme información que yo sería capaz de compartir con los demás. Cuando mis ojos se abrieron porfin a esa verdad, todo cambió. Empecé a ver cosas que no había visto ni entendido antes. Supongo que se podría decir que empecé a aprender y crecer. ¡Qué aventura ha sido!

Alguien sabiamente advirtió que "no se sabe lo que no conoce". Yo creo que es verdad - sin embargo, también creo que puedes aprender nueva información que le ayudará en su propio crecimiento personal y el desarrollo.

Así que, aquí vamos *creciendo* de nuevo. Muchas de las historias e ilustraciones han sido esclarecidas. Me he mantenido fiel al propósito y la intención del manuscrito original, que era ayudar a la gente tiene mejores relaciones en el hogar, la escuela, la iglesia o en su vida profesional.

Si la información que se encuentra en las páginas de este libro le ayuda a ser una persona de mejor comprensión en el trato con los demás, entonces mis esfuerzos no han sido en vano!

¡Que Dios los bendiga!

Dr. Robert A. Rohm

Introducción

El modelo de la conducta humana

La conducta humana es tanto una ciencia como un arte.

Es una *ciencia* en el sentido de que es observable y repetible. Por su naturaleza es empírica. Podemos estudiarla objetivamente y obtener datos específicos sobre ella. La investigación ha hecho posible que podamos observar que la mayoría de las personas tienen patrones predecibles de comportamiento.

Es un *arte* en el sentido de que la percibimos, la modificamos y la disfrutamos. Podemos *sentir* y ajustar nuestro comportamiento de acuerdo con nuestras circunstancias y el medio ambiente. Su personalidad es como su "estado natural". Se ha dicho que es la forma en que operamos cuando lo hacemos automáticamente.

Cuando me refiero a la personalidad concibiéndola como nuestra naturaleza, quiero decir que es el modo en que operamos cuando estamos satisfechos con nosotros mismos. Es la forma en que estamos "constituidos". No debe usted esperar que un tigre recién nacido actúe igual que un venado recién nacido. Ellos tienen distintas "naturalezas" (o temperamentos). Si usted se les aproxima, lo va hacer de manera diferente, ¡porque ellos *son* realmente diferentes! Usted adaptaría y ajustaría sus demandas naturales a las circunstancias.

Si miramos de forma más profunda al mundo animal, encontramos ilustraciones muy instructivas. (A medida que desarrollamos nuestro estudio, el hecho de ver cosas extremas, puede ayudarnos a verlas más claramente en lo particular.) La naturaleza de un león es muy destructiva. A él se le conoce como el "Rey de la selva". El mata y destruye como su modo de vida. ¡Un león no serviría como un animal doméstico preferido! Por otra pare, un perrito pequinés no sería nunca considerado como una bestia feroz, sino simplemente como un perrito gracioso que se tiene en la casa. Podemos asi ver que en el mundo animal las criaturas tienen diferentes " temperamentos", "personalidades" o "constitución". Están diseñados para ser de una determinada forma desde que nacen. Lamentablemente, no poseen la habilidad para "pensar bien las cosas" y para actuar apropiadamente. Simplemente *reaccionan* ante diversas situaciones.

Cualquiera sabe que uno debe aproximarse a ciertos animales de forma diferente y tratarlos también de manera diferente, de acuerdo con lo que *usted sabe acerca de ello*s. Lo mismo ocurre con las personas. Para tener las mejores relaciones posibles con otras personas, usted necesita tratarlas de una determinada manera, de acuerdo a cómo estén formados.

Como humanos, tenemos una mente y por tanto, debemos ser capaces de pensar con más claridad que un animal. Podemos sentir que debemos ser "feroces" en una situación; graciosos en otra; tranquilos en otra; y aún pensativos en otras circunstancias. Uno de estos estados mentales puede parecernos más comodo, pero a medida que aprendemos acerca delos diferentes tipos de personalidad, ganaremos la habilidad de adaptarnos, de acuerdo a las circunstancias, para actuar apropiadamente. Podremos tener el temperamento de un león salvaje, o de un gracioso perrito, pero por la fuerza de nuestra voluntad podemos ajustarnos a nuestras situaciones y elegir la conducta correcta.

Es importante, desde el cornienzo de nuestro estudio, que recordemos que no estamos tratando de encontrar un estilo ideal de conducta o un tipo perfecto de personalidad. Más bien, estamos buscando *diferencias* en el comportamiento. El centro de nuestro estudio no va a ser "lo bueno o lo malo" o "lo correcto y lo incorrecto". Nuestro foro será las *diferencias* en los tipos de personalidad. Después de todo, *si yo lo comprendo a usted y usted me comprende a mí, ¿no tiene sentido que tengamos una relación mejor?*

¡Comencemos pues!

El modelo de la conducta humana en cuatro temperamentos

Hay cuatro "tipos" básicos de personalidad, conocidos también como "temperamentos". Las formas complejas en que estos cuatro tipos se mezclan constituyen el "estilo" de personalidad distintivo de cada persona. Para ayudarle a comprender por qué siente, piensa y actúa de la forma que le es propia, veamos el modelo de la conducta humana en cuatro temperamentos, apoyándonos en un gráfico.

Los cuatro tipos de personalidad, son como cuatro pedazos de un círculo. Estas partes, mezcladas en diversas medidas forman múltiples patrones fascinantes, de modo que la personalidad de una persona no se define ni es influenciada totalmente por las características de un solo tipo. En realidad, la razón de esta gran diversidad de personalidades es la mezcla ilimitada de estos elementos.

Extrovertido - Reservado

Para comprender el concepto, comencemos cortando nuestro círculo por la mitad para representar dos clasificaciones simples de la personalidad humana: la mitad superior representa las personas que son "**extrovertidas**" y de ritmo rápido, mientras que la mitad inferior representa a las personas que son más "**reservadas**" y más lentas. Las personas extrovertidas son más activas y optimistas. Las personas reservadas son más pasivas y tienden a ser un poco más cautelosas (algunos dirían ¡realistas!). Una disposición no es mejor que la otra; sencillamente son *diferentes* y ambas son importantes.

Extrovertido (de ritmo rápido, activo)

Hay diversas formas en que podemos describir a las personas **extrovertidas**, y de **ritmo rápido**. Se caracterizan fundamentalmente por la palabra "¡Listo!" Lo llevan en las venas. Les encanta estar en movimiento. Si un amigo los llama y les pregunta: "¿Te gustaria ir a...?", ya tienen la información indispensable, la respuesta es "¡Si!" No importa si la salida es o no de gran importancia. Estos individuos la hacen notable. Más que buscar la diversión, ellos la crean. Ellos llevan su "fiesta" consigo adondequiera que vayan.

Los extrovertidos son de ritmo rápido y enérgicos. Les gusta hacer todo con rapidez, Tenga cuidado cuando coma con estos individuos. ¡Usted estará comiéndose aún su primer plato, cuando ya ellos están escogiendo un postre!

Ellos son optimistas y positivos, buscando el diamante en cada trozo de carbón, el oro en cada grano de polvo. Generalmente les gusta triunfar y a menudo lo hacen por su talento natural. Les interesa su apariencia exterior, a veces, mucho más que sus cualidades internas.

Estas personas participan en proyectos, colaboran con clubes cívicos, grupos de iglesia; en todo tipo de organizaciones y a menudo ocupan en ellas una función de líder. Les gusta mandar o tener las cosas a su cargo, no porque les guste trabajar sino porque ¡les gusta decirle a los demás lo que tienen que hacer! Esto no quiere decir que sean perezosos, al contrario. Lo que les sucede es que ellos no saben cuando retirárse. Su lema es: "¡Si poco es bueno, entonces mucho debe ser mejor!" Lamentablemente, esto no siempre es verdad.

A este tipo de individuo le sobra la confianza en sí mismo. Con frecuencia abarca más de lo que puede apretar, o incluso se "mete en camisa de once varas" (es decir, en situaciones peligrosas que no le conciernen), pero a él, eso no le preocupa. El trabajará duro para sacar adelante sus proyectos.

Reservado (de ritmo más lento)

Existen también muchas maneras de ver a aquellos individuos cuyo estilo de personalidad es un poco más **reservado** y **ritmo más lento**. Estos individuos tienden a ser estables. Ellos podrían ser la "tortuga" de la fábula, que se queda atrás, mientras la "liebre" extrovertida y rápida le pasa de largo; pero como en la fábula clásica, finalmente termina cruzando la meta final antes que todos los que comenzaron la carrera con mayor impulso e ímpetu. Ellos tienen mucha paciencia y resistencia para realizar su tarea. El siguiente poema tipifica a estos individuos:

La victoria en las grandes batallas
No por ser fuerte o grande se halla

El que dice "yo puedo" perseverará

¡Más tarde o más temprano ganará!

Los tipos reservados son cautelosos y reticentes a participar en demasiadas actividades. "No todo lo que brilla es oro", puede a menudo oírse de sus labios. Ellos prefieren más bien examinar una situación de antemano, y no meterse de golpe sin estar preparados; si no, pueden terminar "medio quemados".

El viejo proverbio, "el prudente ve el peligro y lo evita; el imprudente sigue adelante y sufre el daño", describe su filosofía de la vida. La frase del carpintero se originó con ellos: "Medir dos veces para cortar una sola vez".

A los individuos reservados o de ritmo lento a veces se les acusa de ser demasiado críticos o "quisquillosos". Pero esta cualidad realmente los ayuda a analizar rápidamente la realidad de una situación. Tienden a mirar más allá de la superficie para ver en qué consiste realmente lo que observan. La calidad de algo les es importante. Aparte de notar que algo parece ser bueno, quieren saber si realmente *es* bueno. Tienen una excelente capacidad para discernir.

Aunque tienden a operar detras de ecenario, cumplen su tarea y se aseguran que todo funcione correctamente. No les gustan las relaciones superficiales y, a menudo, les es difícil tener muchos amigos. Son más propensos a tener uno o dos amigos realmente cercanos que a tener una multitud alrededor de ellos. Con frecuencia, son "hogareños" y no sienten la urgencia de estar en movimiento todo el tiempo. Prefieren no ser sorprendidos por situaciones no familiares.

Observación

Las personas **extrovertidas,** de **ritmo rápido** pueden equilibrar su estilo de personalidad aprendiendo a ser más **estables** y **cautelosas.** Los tipos **reservados,** de ritmo más lento, pueden equilibrar su estilo de personalidad propio aprendiendo a ser más **exigentes** y **motivadores.**

Orientados hacia la tarea - Orientados hacia las personas

Podemos volver a cortar nuestro círculo por la mitad, pero en el otro sentido, para representar otras dos clasificaciones diferentes de la personalidad: algunas personas están más "**orientadas hacia la tarea**," mientras otras están más "**orientadas hacia la gente**."

Los individuos orientados hacia la tarea disfrutan más haciendo "cosas", como hacer planes o trabajar en proyectos. A los individuos orientados hacia la gente les gusta relacionarse con otras personas e interesarse por ellos. Se preocupan más por cómo se sienten las personas que por realizar una tarea.

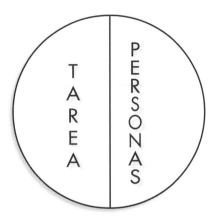

La tarea (*alta tecnología*)

La personalidad orientada hacia la tarea, de alta tecnología, se complace en el trabajo bien hecho. Para estas personas no hay nada mejor que una maquinaria bien ajustada, lubricada y en funcionamiento óptimo. Ellos se enfocan en la forma y el funcionamiento de las cosas. Su día favorito del mes es cuando llega el saldo del banco por correo. Piensan: "Bárbaro, tendré esto balanceado en cuestión de minutos". ¡Y justamente, con frecuencia, así es! Si usted necesita que alguien se haga cargo de organizar un programa con muchos detalles (como una boda) encárgueselo a uno de estos individuos. Se asegurarán más de una vez de tener en cuenta todos los detalles. Son exelentes planificadores que pueden ver el final de un proyecto desde el comienzo.

Sin embargo, es necesario un llamado de atención. A menudo, están tan interesados en lograr lo que se han propuesto, que pueden fácilmente herir los sentimientos de alguien. No lo hacen a propósito, pero debido a que la tarea en sí es más importante para ellos que los sentimientos de cualquier individuo, parecen decir "manos a la obra", o "¡hay que seguir adelante!", pase lo pase. Repito, ellos no quieren herir a nadie, pero al estar orientados hacia la tarea, les resulta difícil tener empatía por los sentimientos de los demás, si estos interfieren con la realización de la tarea en cuestión.

Estas personas son formidables para trabajar en proyectos. Pueden concebir los pasos necesarios para lograr un trabajo, para luego ver que se logra de la forma concebida. Por ejemplo, si ustedes les ven rastrillando su patio, observarán que primero salen con un rastrillo, examinan el patio como lo haría un general preparando los planes para su batalla y, después de hacerlo, emprenden la tarea. Ellos rastrillan una sección del patio a la vez para completar el trabajo de la forma más eficiente posible.

Me da pena su pobre vecino que ha salido para dar un agradable paseo. Cuando él le habla a su amigo que esta rastrillando el patio, éste, como individuo orientado hacia su tarea, frecuentemente le responde con un saludito, sin dejar de rastrillar. Sencillamente, sigue rastrillando mientras internamente piensa, "Ay, espero que mi vecino no se ponga a conversar. No he salido para recibir visitas. ¡Estoy aquí para rastrillar!" Si por casualidad el vecino se pusiera a conversar, puede que se vea interrumpido por el señor del rastrillo que le dice: "Disculpa un segundo . . . regreso enseguida" ¿Sabe a dónde va? Sí, eso es, ¡al garaje a buscar otro rastrillo para su amigo! El piensa: "Dos pueden hacerlo mas rápido que uno y, si él quiere hablar, estoy dispuesto a oír con tal de que pueda terminar este trabajo (la tarea)". Este señor actua así, sencillamente, porque 'así vino de fábrica'.

Las personas (*de mucho tacto*)

Compare esa situación con el individuo orientado hacia las personas, de mucho tacto. Ellos están interesados en las relaciones que tienen con otras personas. Su lema parece ser: "¡No me interesa cuánto tú sabes; quiero saber cuánto te interesas por los demás!"

Estas personas son propensas a preocuparse per los demás y a compartir. Les gusta un grupo dinámico donde haya mucha conversación, emociones, empatía, imparcialidad e intercambio de afecto.

Debido a que estas personas son más sensibles y están interesadas en los sentimientos de los demás, ellos manejan el trabajo del patio de una forma distinta, con una motivación completamente diferente. Más que estar impulsados por completar la tarea, ellos estan más preocupados con el "qué dirán" los vecinos si el patio luce desarreglado (orientados hacia las personas). En otras palabras, ellos se sienten inclinados a limpiar el patio por la necesidad de aprobación. Tienen un deseo fuerte de ser conscientes de las necesidades y los deseos de otras personas.

Si alguien se acerca y comienza a hablar con ellos mientras rastrillan, lo primero que se les ocurre es: "¡Oh, que bien! ¡Me ha venido a ver un amigo!" Si el vecino se queda, no pasará mucho tiempo antes de que se le extienda una invitación. "¿Por qué no entramos a la casa y nos tomamos una taza de café mientras conversamos? ¡De todas formas, no tenía ganas de limpiar el patio ahora!" Esta es la naturaleza de la personalidad orientada hacia las personas.. . El objetivo principal en la vida es formar amistades con muchas personas. Para ellos rige la máxima del filósofo español Baltazar Gracián: "Haga amigos. Es una segunda existencia".

Observación

Las personas **orientadas hacia la tarea** pueden equilibrar su estilo de personalidad aprendiendo a manifestar más empatía hacia los demás. Los tipos **orientados hacia las personas** pueden equilibrar su estilo de personalidad aprendiendo a planificar su trabajo, y después, trabajar de acuerdo con su plan.

Juntemos las ideas

Cuando combinamos los dos "cortes" de nuestro círculo, podemos ver cuatro tipos de temperamentos.

Observe que hemos añadido cuatro letras en el díagrama: **D–I–S–C.** Siguiendo la dirección de las manecillas del reloj, vemos que nuestro individuo **D** cae en la intersección de las categorías **extrovertido** y **orientado hacia la tarea.** El tipo **I** es tanto **extrovertido** como **orientado hacia las personas.** El **S** es **reservado**, y está también **orientado hacia las personas.** Y la personalidad tipo **C** se ve que es tanto **reservado** como **orientado hacia la tarea.**

Nota: A esta altura del desarrollo del tema, es sumamente importante que usted "vea" el modelo, que lo entienda ya que será útilizado a lo largo del libro para explicar como actuan los distintos temperamentos y como se relacionan entre sí.

Resumen

El tipo D

El tipo **D** está en la mitad superior del diagrama (sección de "extrovertidos"), y está en el lado *izquierdo* (sección de "orientados hacia la tarea"). De modo que, el tipo de personalidad **D** es *extrovertido y orientado hacia la tarea.*

El tipo I

El tipo **I** esta en la mitad superior del diagrama (sección de extrovertidos), y está del lado *derecho* (sección de orientados hacia las personas). Así que, el tipo de personalidad **I** es *extrovertido y orientado hacia las personas.*

Tanto los tipos **D** como los **I** son activos y extrovertidos, pero cada uno de ellos tiene una motivación diferente. El **D**, como está orientado hacia la tarea, tiene un deseo fuerte de realizar un determinado trabajo, mientras que el tipo **I**, al estar orientado hacia las personas, quiere lucir bien y desea posición social y prestigio.

El tipo S

El tipo **S** está en la mitad inferior del diagrama (la sección de los "reservados"), y del lado derecho (sección de los "orientados hacia las personas"). De modo que, el tipo de personalidad **S** es *reservado y orientado hacia las personas.*

El tipo C

El tipo **C** está en la mitad inferior del diagrama (sección de los "reservados") y en la mitad izquierda (sección de los "orientados hacia la tarea"). Así que el tipo **C** es *reservado y orientado hacia la tarea.*

Tanto el **S** como el **C** son reservados, pero cada uno de ellos tiene una motivación diferente. Al estar el **S** orientado hacia las personas, tiene un deseo fuerte de complacer a las personas, mientras que el tipo **C**, por estar orientado hacia la tarea, quiere enfocarse hacia el hecho de hacer el trabajo.

Recuerde que un tipo de personalidad no es mejor que el otro. No estamos buscando conductas "correctas" o "incorrectas", "buenas" o "malas". Estamos considerando las diferencias entre los tipos de personalidad.

¿Que significan las letras D-I-S-C?

Las letras en los cuatro cuadrantes son muy significativas. Son como cuatro "ganchos" para recordar el **Modelo de la conducta humana**. (Por ganchos entendemos un modo de "enganchar" algo en su memoria. Si usted pone un gancho en la pared, su sombrero puede permanecer colgado. Sin "ganchos" la memoria es como el teflón: ¡nada se le pega!)

Recuerde que podemos visualizar "el **Modelo de la conducta humana** en cuatro temperamentos" mirando a estas cuatro partes del círculo. *Cada uno de nosotros es una mezcla única de estas cuatro partes.*

El tipo D

La letra **D** (extrovertido y orientado hacia la tarea) representa el aspecto **Dominante, Determinado, Decidido, Directo, Duro** (exigente) y **Dinámico**. Nótese que todas estas palabras empiezan con la letra **D**. Haremos más referencia al tipo de personalidad **D** en el capítulo dos. Por ahora, el concepto clave a captar es *1. extrovertido; 2. orientado hacia la tarea; 3. dominante* (u otra palabra descriptiva del tipo **D**). Se ha añadido un símbolo a cada cuadrante. Para el tipo **D**, útilizamos el signo de exclamación porque tipifica la actitud enfática "¡hazlo ya de una vez!" del tipo **D** (Cada tipo de personalidad se caracterizara con tres cualidades y un símbolo.)

El tipo I

La letra **I** (extrovertido y orientado hacia las personas) representa las características **Inspirador, Influyente Inductor, Impresionable, Interactivo, Interesante** e **Interesado** en estas personas. Nótese que todas estas palabras empiezan con la letra **I**. Haremos más referenda al tipo de personalidad **I** en el capítulo tres. Por ahora, el concepto clave a captar es 1. *extrovertido; 2. orientado hacia las personas; 3. inspirador* (u otro tipo de palabra descriptivo del tipo **I**). Nuestro símbolo ilustrativo es una estrella, porque tipifica la actitud "hágalo con gracia y que sea divertido" del tipo **I**, y a la personalidad que tiende a "entretener" y a convertirse en el centro de la atención de todos.

El tipo S

La letra **S** (reservado y orientado hacia las personas) representa en estas personas las características de **Sosegado, Servicial, Sociable, Sustentador, Sentimental** y **Sensible**. Nótese que todas estas palabras comienzan con la letra **S**. Nos referiremos con mayor amplitud a este tipo de personalidad en el capítulo cuatro. Por el momento el concepto clave a captar es *1. reservado; 2. orientado hacia las personas; 3. servicial* (o cualquier otro tipo de palabra descriptiva del tipo **S**). Nuestro símbolo visual es el signo más y menos, porque los tipos **S** pueden responder "más" o "menos" de acuerdo con las influencias que lo rodean. Ellos son muy flexibles y pueden inclinarse para un lado o para el otro. ("No me importa, para mí esta bien lo que usted quiera.") Este símbolo tipifica la actitud "Estoy de acuerdo con usted" del tipo **S**.

El tipo C

La letra **C** (reservado y orientado hacia la tarea) representa el carácter **Cauteloso, Competente, Calculador, Comprometido, Cuidadoso** y **Contemplativo**. Obsérvese que todas estas palabras comienzan con la letra **C**. Haremos mayor referencia a este tipo de personalidad en el capítulo cinco. Por ahora, el concepto clave a captar es *1. reservado; 2. orientado hacia la tarea; 3. cauteloso* (u otra palabra descriptiva del tipo **C**). Nuestro símbolo es un signo de interrogación, porque tipifica el cuestionamiento "¿tiene esto sentido?" del tipo **C**.

El cuadro completo

Llegado este momento, probablemente usted ya ha pensado:

"Me parece que yo tengo algunas de las características de cada grupo. Tengo algo de **D-I-S-C** en mí". ¡precisamente! *Usted es una mezcla única de estos cuatro tipos.* Cada uno de nosotros está constituido de forma diferente. Algunos tipos son mas dominantes

entre nosotros que otros. Las investigaciones demuestran que en aproximadamente el 80% de la población total, las personas tienen por lo menos dos áreas que tienden a dominar su estilo de personalidad, mientras que las otras dos áreas son menos dominantes. (Ampliaremos esto a medida que desarrollemos juntos nuestro estudio.)

En otras palabras, es raro encontrar una persona que sea exclusivamente un **D**, o un **I**, o un **S**, o un **C**. Con frecuencia somos una *mezcla* de por lo menos dos de estos tipos. Sin embargo, uno de estos tipos puede ser tan predominante que domine la vida de la persona. (En este caso, decimos que su estilo de personalidad individual tiene ese tipo acentuado.) Pueden estar presentes aspectos de otros tipos, pero con mucha menor intensidad.

En capítulos posteriores, haremos mayor referencia a los "patrones de conducta" (o "patrones clasicos" o "mezclas"). Estos terminos usados indistintamente describen la forma en que la mezcla de **D-I-S-C** en cada persona constituye su personalidad singular.

¿Cómo lo llama usted?

Ahora es posible que usted este pensando: "He oído algo de esto de las personalidades antes... Pero no puedo recordar bien cómo se llamaba cada estilo". Esto puede deberse a que los títulos griegos antiguos, utilizados hace mucho tiempo, no tenían "ganchos" que ayudaran a recordarlos.

Muchas personas se esmeran por recordar estos tipos de personalidad, reconocidos y denominados por Hipócrates, el padre de la medicina moderna. En época tan temprana como el año 400 a.c., Hipócrates teorizó que los tipos de temperamentos eran resultado de cuatro fluidos corporales: 1. la bilis amarilla; 2. la sangre; 3. la flema; y 4. la bilis negra. Así, derivó los nombres de los cuatro temperamentos, de los nombres de los cuatro fluidos que él pensó eran su causa primaria:

- Bilis amarilla > tipo activo > Colérico
- Sangre > tipo vivaz > Sanguíneo
- Flema > tipo lento > Flemático
- Bilis negra > tipo oscuro > Melancólico

Las palabras "colérico", "sanguíneo", "flemático" y "melancólico" no nos dan un marco de referencia que nos ayuden a recordar sus categorías.

Mi punto de vista es que la mayoría de las personas no útilizan los términos griegos antiguos como modelo de la conducta humana porque son difíciles de recordar, y no tienen un "gancho". Para aquéllos familiarizados con esas palabras, el patrón **D-I-S-C** sigue el siguiente orden:

D, o tipo **Dominante** es equivalente al temperamento **colérico**.

I, o tipo **Inspirador** corresponde al temperamento **sanguíneo**.

S, o tipo **Sustentador** es el temperamento **flemático**.

C, o tipo **Cauteloso**, competente es el temperamento **melancólico**.

Aunque la idea de que los fluidos corporales determinan la personalidad ha sido descartada hace mucho tiempo, la clasificación en cuatro temperamentos es ampliamente útilizada todavía. No fue hasta hace poco que se desarrollo una clasificación moderna de los temperamentos. El sistema **D-I-S-C** es uno de esos métodos.

A medida que prosigamos, mostraremos que es más útil tener el "gancho" de **D-I-S-C** en mente, que utilizar los viejos nombres griegos que resultan difíciles de recordar, y con los cuales la mayoría de las personas no se identifican.

Resumen

Ahora, tendrán ustedes en su mente un cuadro claro de este **"Modelo de la conducta humana"**. Puede que necesiten o quieran revisarlo varias veces, hasta que sientan que lo dominan. Insisto, en que es el modelo que usaremos en las restantes páginas del libro.

Preguntas de repaso:

(Verifiquen sus respuestas en la página siguiente)

1. ¿Cuáles son las dos cualidades que caracterizan al tipo de personalidad **D**?

2. Diga una palabra con **D** que caracterice al tipo de personalidad **D**.

3. ¿Cual es el símbolo que caracteriza al tipo de personalidad **D**?

4. ¿Cuales dos cualidades caracterizan al tipo de personalidad **I**?

5. Diga una palabra con **I** que caracterice al tipo de personalidad **I**.

6. ¿Cuales el símbolo que caracteriza al tipo de personalidad **I**?

7. ¿Cuales dos cualidades caracterizan al tipo de personalidad **S**?

8. Diga una palabra con **S** que caracterice al tipo de personalidad **S**.

9. ¿Cual es el símbolo que caracteriza al tip de personalidad **S**?

10. ¿Cuales dos cualidades caracterizan al tipo de personalidad **C**?

11. Diga una palabra con **C** que caracterice al tipo de personalidad **C**.

12. ¿Cual es el símbolo que caracteriza al tipo de personalidad **C**?

Respuestas:

1. Extrovertido y orientado hacia la tarea
2. Dominante
3. Signo de exclamación
4. Extrovertido y orientado hacia las personas
5. Inspirador
6. La estrella
7. Reservado y orientado hacia las personas
8. Sosegado
9. El signo de más y de menos
10. Reservado y orientado hacia la tarea
11. Cauteloso
12. El signo de interrogación.

¡Felicitaciones!

¿Ve lo sencillo que es este sistema? Pronto estará sorprendido como usted comensará a usar esta información práctica y útil en su vida diaria.

El tipo de personalidad D

El tipo de personalidad **D** es activo y *orientado hacia la tarea*. Recuerde mentalmente dónde se encuentra este tipo en el modelo de conducta humana (área sombreada con el signo de exclamación).

Los tipos **D** son **dominantes** y **diligentes**; son hacedores y pujantes. Ellos construyen el mundo que los rodea. Son los que "mueven los hilos". Tienen cosas que hacer, lugares adonde ir, personas a quiénes ver, negocios que concretar. Quieren "tener la sartén por el mango". Con ellos rige el refrán español: "Barco parado no gana flete". No espere mucha simpatía de parte de ellos. Los **D** no son muy amables ni expresan empatía. Están listos para decirle que no pierda el tiempo en lamentarse y que vuelva a trabajar.

Los **D** tienen una tendencia a ser líderes dinámicos. Nunca se detienen. Si de primera intención no alcanzan el éxito, tratan una y otra vez. Superan obstáculos "contra viento y marea".

Los tipos **D** tienen un talento natural para lo **dramático**. Esto los ayuda a alcanzar lo aparentemente imposible. Este talento se observa con gran evidencia en los deportistas, por la tensión que originan los juegos en que se disputan premios nacionales o internacionales y por el carácter público de estos eventos. Un buen ejemplo de esto es el jugador más destacado de fútbol en toda la historia de ese deporte: la figura legendaria de Brasil, Edson Arante do Nascimento, más conocido por Pelé. Fue un gran jugador de equipo, agresivo y muy competitivo. De niño, mientras jugaba en los patios traseros de su casa con latas de refresco, Pelé aprendió la importancia de la confianza en sus posibilidades. Siempre mantuvo en alto su nivel de exigencia, nunca se desalentó y siempre trabajó con tesón.

En una entrevista, sostenida después de la celebración de la Copa Mundial de Fútbol en Francia en 1998, Pelé admitió haber sufrido un ataque de nervios antes de la final contra Italia en la Ciudad de México en 1970. Dijo: "Pensando precisamente en el hecho de que era mi última participación en una Copa Mundial y en cómo habíamos perdido en Inglaterra en 1966, lloraba mientras el ómnibus nos conducía al estadio. Sencillamente no podía dejar de llorar. Cuando llegué al campo y vi las banderas brasileñas me dije: 'Voy a acabar con todos esos italianos. Nadie en el mundo nos va a poder quitar esta copa.' Ese día ganamos nuestro tercer título mundial y... empecé a llorar de nuevo, sólo que en esta ocasión, de felicidad".

Como él mismo recalca, era su última oportunidad para comprobar que era el campeón del fútbol. Las banderas le recordaban que tenía que ganar por el orgullo de su país y lloraba porque la victoria dependía de él. ¡Que presión formidable! Pero pudo ganar ya que su empuje era muy grande.

El tipo **D** es muy duro y exigente. Raras veces interpreta un "no" como una respuesta definitiva. Para ellos un "no" significa "vuelva a preguntar más tarde". Si usted se mantiene en su "no", ellos buscarán cómo darle la vuelta. No es que sean rebeldes; es que tienen tanto **dinamismo, empuje** y **determinación** que no quieren detenerse. Sería muy adecuado decir de los **D** que hacen las cosas "a como de lugar", puesto que, a pesar de inconvenientes y obstáculos por el camino, logran lo propuesto; llegan a buen fin.

Robert Louis Stevenson, famoso novelista, ensayista y poeta escocés, escribió un poema que describe acertadamente el sentir del tipo **D**:

Si te pinchas con una rosa,

Sigue tu camino,

Si llueve o nieva,

Sigue tu camino,

No es posible sentarse y lamentarse

Cuando el pez no está en tu camino;

Encarna tu anzuelo y

¡Sigue tu camino!

Los tipos **D** tienen mucha energía nerviosa. Su mente siempre va a 100 kilómetros por segundo. Les encanta el movimiento y la participación activa en lo que hacen. Necesitan una montaña que escalar, un proyecto que realizar, un reto que los motive. Es común que tengan demasiados asuntos entre manos. Consideran que aunque fallen en cinco todavía tienen suficientes para llevarles la delantera a los demás. Alejandro el Grande murió a los 33 años, gritando: "¡No tengo más mundos que conquistar!"

No hay que ser sumamente inteligente para darse cuenta que el tipo de personalidad **D**, activa y orientada hacia la tarea puede fácilmente ser el tipo de persona que puede convertirse en un **dictador**. Ellos sienten que deben hacerse cargo de las cosas. Aunque tienen una tendencia natural a prevalecer y a ser el tipo de persona que "lleva la batuta", eso no significa que tengan que *atropellar* a los demás. Un líder debe ser capaz de tomar el control de una situación y de tomar decisiones rápidas y precisas: de "agarrar al toro por los cuernos". Esta es la forma en que se llega a ser un líder. Hay que reconocer que un líder debe liderar.

El líder debe ser tambien un servidor. Pensemos por un momento en todos nuestros dirigentes electos, nuestro personal médico, maestros de escuela y clérigos. Todos están en las profesiones de servicio para ayudar a las personas. Realmente, todo el mundo de alguna forma desempeña una función de servicio en cierta medida. Pero aquéllos en funciones de servicio, con una personalidad de tipo **D**, tendrán una tendencia a dejar que aquellas habilidades que definen su condition de líder *sobrepasen* a su habilidad para servir. De todas maneras, las dos cualidades son importantes, pero deben mantenerse bajo control. Un tipo **D** que se conoce a sí mismo será capaz de armonizarlas para poder liderar o servir de acuerdo con las circunstancias.

Los tipos **D** parecen ser amenudo muy **dogmáticos**. Adoptan rápidamente una position y se mantienen en ella "contra viento y marea", a pesar de la oposición que enfrenten, a no ser que vean una idea o un plan mejor. A menos se de el caso, rápidamente cambian a un nuevo método o plan. Los que trabajan con los **D**, especialmente los que están bajo su autoridad, aveces experimentan momentos difíciles cuando no pueden darse cuentan de lo que está ocurriendo en la mente de ellos. Los tipos **D** introducen el cambio como un modo constante de operación. Ya que están tan orientados hacia los resultados finales, les es fácil cambiar virtualmente cualquier situación en medio camino. Los **D** piensan que todo el mundo debe ser como ellos, y ser lo suficientemente flexible, como para adaptarse a cualquier situación.

El tipo **D** puede también parecer **desafiante**. Ellos proyectan la actitud, "lo haces a mi modo, o échate a un lado". Definitivamente, no les gusta tener que seguir órdenes o que les digan lo qué tienen que hacer. Por suerte, esta cualidad *correctamente dirigida* los ayuda a mantenerse independientes y a diferenciarse de la multitud. En general, los tipos **D** no se dejan llevar por el camino errado por influencia de otros. Ellos bien pueden ser el *líder de la pandilla* entre las multitudes, pero no un seguidor. El desafío, utilizado correctamente, puede a menudo ser un gran punto a su favor.

Porcentaje de la población

Las investigaciones parecen indicar que solamente alrededor de un 10% de la población tiene este tipo de perfil. (¡A menudo he pensado que Dios fue misericordioso con nosotros al darnos solamente un l0 %!)

Ejemplo bíblico

El mejor ejemplo bíblico del tipo de personalidad "**D**" es el apóstol Pablo. Antes de que Pablo conociera a Cristo, era una persona dogmática, dominante, dura y decidida. Después de rendirse a Cristo, siguió siendo dogmatico, dominante, duro y decidido. Su personalidad no cambió, pero si cambió quién controlaba su vida.

Antes de convertirse en un seguidor de Cristo, estaba matando cristianos (Hechos 22:4, 20). Después, él mismo estaba dispuesto a morir por la causa de Cristo (Hechos 20:24). Esa es la forma en que trabaja con un tipo D. Ellos son capaces de oscilar de un extremo al otro sin ningún problema. Por cierto, es interesante observar que Pablo enfocado en el *control* y permitiendo el *cambio* a venir como un subproducto. Al ser *controlado* por el Espíritu Santo. "El fruto se traducirá en amor, gozo, paz, paciencia, amabilidad, bondad, fidelidad, mansedumbre, dominio propio" (Gálatas 5:16-22).

Fue la comprensión de este escenario en la vida de Pablo, lo que quizás me abrió los ojos, más que cualquier otra cosa, a la verdad en relación con los tipos de personalidad. Podía ver claramente al tipo de personalidad D del apóstol Pablo aceptando puntos de vista contradictorios con la misma intensidad. Sin el control del Espíritu, estaba destruyendo a personas e iglesias. Bajo el control del Espíritu, era capaz de ayudar a las personas, comenzar nuevas iglesias, y escribir la mayor parte del Nuevo Testamento. ¡Qué contraste! No obstante, la misma personalidad dogmática, dominante, decidida y dura lo ayudó a avanzar tanto en la causa de destruir como en la de ayudar.

Ilustración personal

Me interesé por primera vez en los tipos de personalidad a causa de mi desesperación. Me parecía que mi hija mayor, Raquel, estaba más *fuera* de control cada día. Constantemente me preguntaba: "¿Qué le pasa a mi hija? ¿Porqué es tan voluntariosa, obstinada y testaruda? ¿Qué le ocurrió a aquélla niña dulce que solía cargar en mi espalda?

En ese entonces, un amigo mío nos estaba visitando a mi

y a mi familia en nuestra casa. Era en la época en que yo estaba realizando mi doctorado. El me preguntó si alguna vez le había hecho un análisis del estilo de personalidad a Raquel y le dije: "¿Y qué es eso?" Me explicó que un análisis del estilo de personalidad es como un inventario de rasgos del cual un niño selecciona respuestas para que usted como padre comprenda cómo está formado interiormente; cómo esta constituido. Me mostró un perfil de personalidad para niños y, con cierta expectativa, dejamos que Raquel lo completara.

Cuando mi amigo lo calificó, me miró y me dijo: "Ay, ay, ay ..." "¿Qué?" Me dijo: "Bueno, ella es lo que se llama un tipo de personalidad **D** alto, es decir que predominan en ella las características **D**. "¿Que es eso?", le pregunte. Entonces, comenzó a explicarme los tipos de personalidad en *una forma que podía comprender y con la cual me podía identificar*. Sentí como si se cayeran vendas de mis ojos y podía realmente ver.

Necesidad básica

Mi amigo me aconsejó: "Debido a que tienes una hija con un tipo de personalidad con una fuerte composición de las características del tipo **D**, tienes que tratarla de manera diferente. Los tipos **D** puros deben tener *retos y control*. Estas son sus necesidades básicas. Cuando tu le dices: "Raquel, es necesario que te acuestes a dormir a las 10 de la noche", ella escucha algo muy diferente. En vez de oír: "Necesitas acostarte a las 10," ella percibe: "¿Quieres pelear?"

Pense: "¡Oh, debe tener razón! ¡A ella le gusta pelear por todo!" Tuve que aprender a decir lo mismo de otra manera. Así que esa noche probé. Le dije: "Esta noche te puedes ir a dormir cuando tú quieras. El limite es las 10 de la noche, pero tu escoges". Me miró y dijo: "Está bien". Esa noche, se fue a dormir a las 10 sin discutir... ¡y yo me quede con la boca abierta! ¡Estaba perplejo! Me di cuenta que era la primera vez que trataba conscientemente de criarla de acuerdo con su propia "tendencia" particular, sin tener que forzarla a que me obedeciera. A propósito, Proverbios 22:6 plantea, "Instruye al niño en el camino correcto, y aun en su vejez no lo abandonará." Antes, había malentendido completamente este versículo. Yo pensaba que quería decir: "Instruye al niño en *el camino que yo quiero que tome...*" Por el contrario, significa: "Instruye al niño de acuerdo con su tendencia propia, única, es decir, con su personalidad ..." Ahora, por primera vez me daba cuenta de cómo hacerlo. Estaba cautivado. Cuanto más estudiaba este material, más veía cuán aplicable era. Comencé a tratar a Raquel y a mis otras hijas de manera diferente (como explicaré a lo largo del libro). Empecé por primera vez a comprender a mi familia. Sinceramente puedo decir que todas mis relaciones comenzaron a verse influidas por esta información recién adquirida.

Antes habia leído sobre tipos de personalidad y conocía su importancia. Lamentablemente, no me la habían enseñado de manera que yo pudiera aplicar lo que sabía. Ahora, todas las cosas se empezaban a aclarar. De repente, todo tenía sentido. Debido a mi experiencia y formación como educador comencé a entender claramente estos conceptos. Reorganicé y esclarecí los conceptos para explicarselos a mi propia familia y a otras personas.

Fortalezas

El tipo de personalidad **D**, como los otros tipos de personalidad, tiene sus fortalezas o puntos fuertes y sus debilidades. Se podría describir las "fortalezas" como tendencias naturales. Muchas de las cualidades propias del tipo **D** se fueron desarrollando en la vida de un individuo al crecer. Su medio ambiente de forma natural inclina a los **D** a aprender algunos rasgos y a desechar y pasar por alto otros. Por ejemplo, las personas tipo **D** e **I** pueden con facilidad expresarse en un debate o presentación oral porque son activos y extrovertidos y les gusta hablar; en consecuencia, pueden desarrollar habilidades en esa dirección.

El tipo **D** es de carácter fuerte. Su tendencia es ser decidido e independiente. NO necesitan que nadie les diga lo qué tienen que hacer! ¡Por lo menos, eso es lo que creen! Son optimistas: siempre piensan que el próximo proyecto será ¡el grande! No les gusta estar entre personas pesimistas: ¡los vuelve locos! Una vez escuché a un **D** decir: "¡La mayoría de las personas que conozco lucen como si alguien les hubiera arrebatado todo el sabor de su dulce!", ellos son demasiado optimistas y confiados en casi todo.

Una noche fui a recoger a Raquel a su trabajo. Mientras ella se preparaba para partir, comencé a hablar con el administrador del lugar. "Cómo le va a Raquel en su trabajo?" le pregunté. Miró a su alrededor y me susurró: "No he visto a nadie como ella. Si alguien no hace lo que se supone que haga, ella lo hace por ellos. Creo que puede realizar cualquier función dentro de la organización. Realmente hace un buen trabajo. ¡Solo estoy un poco preocupado que también se interese por mi puesto!" Me dije: "¡Sin duda, ella es así!"

¿No es sorprendente? La forma en que Dios había conformado su personalidad era precisamente lo que yo había tratado de cambiar completamente, sencillamente porque era diferente a mí.

Cuando Raquel terminó sus estudios y se mudó, se comenzó a sentir de inmédiato una gran paz en mi hogar. Por favor, no me entiendan mal. Quiero a mi hija de corazón, pero los **D** son tan conflictivos y tan "testarudos", tan dispuestos a "pelear" por todo, que la vida se hace más fácil cuando no existe un conflicto y una lucha constante por el poder y el control.

Es muy difícil para aquéllos con un perfil **D** alto desarrollar relaciones estrechas con otros individuos. Lamentablemente, a menudo ellos viven aplastando a los demás, sin darse cuenta del daño que hacen. Con frecuencia, los **D** sienten que todo el mundo debe ser un **D**; un personaje de primera plana. Más tarde o más temprano, van a encontrarse con otro **D** que tenga el perfil aun más acentuado, que los pondrá en su lugar o les ajustará las cuentas.

El caso de un antiguo compañero del equipo defootball, uno de los mejores corredores que he conocido, resulta muy ilustrativo en este sentido. En una ocasión, le pregunté a Guillermo en qué pensaba antes de un partido. Me contestó que él sabía que había por lo menos una persona en el equipo contrario que era mejor que él y que por lo tanto, él tenía que hacer todo lo posible por superarlo. Esa certeza, en lugar de hacerle perder el control, le permitía mantenerse controlado; lo hacía un mejor oponente. No se disminuía en lo absoluto su habilidad para desplazar la pelota, sino, al contrario, se fortalecía porque él conocía a su oponente y a sí mismo. Apropósito, debe observarse que amenudo los **D** realmente, consideran como opositores a aquellas personas que tratan de detenerlos. Los **D** son líderes dinámicos y favorecen el desarrollo de una serie de buenas cualidades en otras personas, siempre que puedan mantenerse bajo control.

Los tipos **D** son muy prácticos. Aveces su pragmatismo les ocasiona dificultades. Debido a que están tan orientados hacia los logros, tienden a ser bruscos y directos. Al hablar llaman al "pan, pan y al vino, vino" y "no tienen pelos en la lengua". Sin embargo, su naturaleza práctica los ayuda a ser muy productivos. Ellos no se disponen a conversar de algo; ellos se disponen a hacer algo. "¡Manos a la obra!"

Los tipos **D** son resueltamente decididos. Puede que no siempre tengan razón, pero siempre están confiados. Si resulta que se equivocaron, bien, entonces lo consideran una buena experiencia de aprendizaje. Tengo un buen amigo, una persona con un perfil **D** bien acentuado, que perdió un edificio dedicado a oficinas, debido al estado de la economía en ese momento. Se reía mientras me contaba la historia y terminó diciendo: "La vida es demásiada corta para preocuparse por lo que resultó ser un fracaso. Seguiré intentando, y tarde o temprano, las cosas cambiarán. Yo recuperaré lo perdido" ¡Con esa actitud, probablemente lo logre!

Los tipos **D** son grandes líderes. En deportes, suelen jugar los puestos que determinan las jugadas del equipo. Los **D** tienen los "ingredientes esenciales" para ser grandes líderes y la mayoría de los líderes en el mundo tienen este tipo de personalidad. Es de suponer, que, si usted es "susceptible", lo critican a menudo y no lo puede resistir, simplemente no podrá ser un líder. Cuando la cosa se ponga muy difícil o controvertida, ¡va a desistir! Los tipos **D**, por el contrario, tienen la confianza en sí mismos y la determinación necesarias para mantenerse firmes. Ellos pueden tomar las decisiones más complejas, aún en medio de una difícil oposición. Como el metal resistente, están "forjados a hierro y fuego".

Debilidades

Es bueno recordar que las debilidades son simplemente fortalezas que se han acentuado demasiado y se han convertido en excesos. La mayoría de nosotros operamos con nuestras fortalezas hasta que afrontamos una situación difícil. Entonces, tenemos la tendencia a perder el control, dejar que nos venzan estas "fortalezas" y se transformen en nuestras "fortalezas excesivas" es decir, debilidades. (Si usted no es un tipo **D**, le aconsejo que, al leer sobre estas debilidades del **D**, no sienta demasiada complacencia. ¡Ya trataremos su tipo de personalidad!)

Los tipos **D** pueden ponerse extremadamente furiosos. Ellos tienden a tener mal genio, por eso, a menudo tienen explosiones de rabia por la menor cosa. Asombrosamente, las superan con la misma rapidez. Mientras los otros se sienten aún maltratados y no se han recuperado, el tipo **D** lo ha olvidado todo. Ellos perdonan y olvidan más rápido que cualquier otro tipo de personalidad. Para ellos, eso ya es historia, "Pasado, y a lo que sigue".

Los tipos **D** pueden ser crueles y sarcásticos. Ellos pueden echarlo por tierra con sus palabras y acciones. He trabajado con cinco pastores diferentes durante los últimos 20 años. ¡Cuatro eran personalidades tipo **D**! Bajo el control de Dios tuvieron gran influencia sobre la vida de muchas personas. *Fuera de control*, podían abatir a cualquiera. En una ocasión, mi padre estaba en un banco realizando una gestión. Cuando ya iba a salir, se dio cuenta que la cajera le había dado dos billetes de $50 pesos de más. Mi padre regresó a la cajera, y le dijo con cortesía: "Creo que usted cometió un error". La señora miró a mi padre, y en tono de burla, le dijo: Yo no me equivoco!" Mi padre, dándose cuenta que estaba tratando con una persona "arrogante" le contestó con cortesía: "Está bien. ¡Pero esta tarde, cuando a usted le falten $100, recuerde que yo los tengo!" y se dio vuelta para salir. De repente, la cajera, cambió su tono y le contestó: "Oh, señor, lo siento. Es posible que sí me haya equivocado".

Esto demuestra que cuando un **D** acentuado se da cuenta de que el error le puede costar algo, se siente más inclinado a cambiar. Su tendencia puede ser atropellar aveces a las personas, pero realmente ellos no quieren que nadie los atropelle.

Un personaje que demuestra ser resuelto y concentrarse en los resultados al punto de ser cruel y ponerse furioso, es Carlos Salvador Bilardo. (Recuerden que él había sido el director técnico (DT) del equipo de futbol argentino en 1986 cuando ganaron la Copa Mundial de Futbol en México.) Se ganó la reputación de querer ganar a cualquier precio, y de ser sumamente exigente. Se decía que: "Quien no corra y deje hasta el último aliento sobre el campo, no jugará con Bilardo". En 1992-93 fue el DT del equipo de fútbol de Sevilla. Me contaron que en un partido, un jugador español hizo que un jugador del equipo contrario tropezara y se cayera. Cuando fue a darle la mano para ayudarlo a ponerse en pie, el equipo contrario estaba tratando de marcarle un gol a España; Bilardo se enfureció. Consideraba que la cancha de fútbol no era sitio para la cortesía. En una entrevista con periodistas, Bilardo les dijo que si él hubiera sido el jugador español, le hubiera pegado una patada al jugador atropellado; porque cuando se juega, se juega, y ¡si hay que matar, hay que matar!

Debido a que los **D** tienen una voluntad muy fuerte, lo cual es positivo, pueden también en ocasiones ser dominantes. Si no logran lo que quieren por un lado, comienzan a buscar otras formas para lograrlo.

Los tipos **D** pueden ser desconsiderados a veces. El preocuparse primeramente por sí mismos les surge de manera natural. No es que sean egoístas. Es sencillamente que se figuran que si están bien atendidos, estarán en mejor position para ayudar a los demás.

Me contaron una anécdota que ilustra esta tendencia del **D** a preocuparse por sí mismo... Ocurrió en la terminal de ómnibus de una ciudad. Uno de los viajes fue cancelado por desperfectos técnicos y en la taquilla, una agente de pasajes trataba de transferir una larga hilera de pasajeros descontentos a otro ómnibus. De repente, un pasajero furioso llegó empujando al mostrador. Planto su boleto sobre él y dijo: Yo tengo que irme en ese ómnibus y tiene que ser en **primera**. La agente replicó: Lo siento, señor. Yo quisiera ayudarlo per tengo que ubicar primer a todas esas personas (señalando a todos los que le antecedían) y estoy segura que luego encontraré algo que le satisfaga. No contento con esa respuesta, el pasajero preguntó en voz alta, de modo que las personas detrás de él lo oyeran: ¿Tiene usted idea de **quién soy yo**?

Sin dudar un momento, la agente sonrió, tomó el micrófono y dijo: "Su atención, por favor", comenzó con una voz algo alarmada, "tenemos un pasajero aqui **que no sabe quién es**. Si alguien puede identificarlo, por favor, diríjase a la ventanilla H. Se lo agradeceremos".

Con la gente detrás de el riendo de forma histérica, el señor dirigió una mirada desafiadora a los presentes y a continuación, lanzó una palabrota. Sin inmutarse, ella sonrió y dijo: "Lo siento, señor, pero tendra que hacer la fila por eso también". El hombre retrocedió, mientras las personas aplaudían. El descontento anterior había desaparecido, ante la ocurrencia de la agente.

Aunque sin llegar a un caso tan extremo como este anterior, a menudo los **D** parecen ser orgullosos, cuando manifiestan un aire de superioridad. De nuevo, insisto en que no tienen la intención de comunicar superioridad, sino más bien confianza. Después de todo, ¿quién quiere estar con alguien que demuestra tener una imágen de sí mala o pobre? Recientemente, estuve mirando una serie por televisión sobre individuos poderosos. Mostraba cómo seguían una progresión de cuatro pasos en sus vidas. No pude dejar de pensar cómo una gran cantidad de personalidades tipo **D** caen en esta progresión. El primer paso era solos - les gusta hacer las cosas por sí mismos, sin que nadie les diga qué hacer. El segundo paso era arrogancia - creen que saben más que los demás, que son más inteligentes y quizás también aun mejores. El tercer paso era aventurero - quieren una vida de aventuras, llena de acción; cuanto más, mejor. El último paso era el adulterio - cuando sienten que deben conquistar a otra persona. Estos cuatro pasos pueden evitarse si una persona reconoce sus fortalezas y debilidades y las pone bajo el control del Espíritu Santo.

A veces, los **D** pueden ser arteros y astutos cuando tienen una intención oculta. Saben lo que quieren hacer, pero no quieren que se les descubra. Son excelentes en la manipulación "tras las bambalinas". Con frecuencia, cuando un **D** asiste a una reunión importante de una junta, ya se ha preparado con anterioridad. Ya ha tenido algunas "reuniones previas" con algunos individuos y sabe, antes que los demás, cómo se depositarán los votos y cuál sera el resultado. No se siente muy bien dejando las cosas al azar.

Los tipos **D** pueden ser muy autosuficientes, contando con sus habilidades y talentos naturales para enfrentar y salir adelante en situaciones difíciles. Son mucho más productivos cuando aprenden a superar esta tendencia y buscan ayuda adicional y aportes de otros. Las personas que trabajan bajo su autoridad, a menudo, temen plantearles nuevas ideas. Los tipos **D** pueden cortarle una explicación aun antes de que usted pueda llegar a expresar la mitad de sus ideas. Un **D** inteligente, sin embargo, aprende a escuchar y tiene una "mente abierta", hacia otras personas. De esta manera, se beneficia grandemente.

Un día, mi hija con personalidad tipo **D** alto, estaba haciendo pan tostado. En lugar de pan tostado ligeramente dorado, lo que obtuvo fueron seis panes completamente carbonizados. El humo llenó toda la casa; yo realmente me preocupé mucho. Tiré los panes quemados al patio por la puerta trasera. Ya que ella tenía 12 años le dije: "¿Cómo puedes tener 12 años y no tener la madurez suficiente como para tostar seis panes? 'Yo estaba disgustado por su falta de madurez. Con determinación, le dije: "¡Yo las hago!" De modo qué puse seis panes más en el horno.

Mientras se estaban tostando, recibí una llamada telefónica de larga distancia de un amigo con quién no había conversado en mucho tiempo. Me cautivó su conversación, hasta que...olí que algo se quemaba, de nuevo. Abrí el horno y vi seis tostadas achicharradas. ¡Unos segundos después, había doce panes quemados en el patio! Raquel me miró y dijo: "¡No puedo creer que tengas 35 años y no puedas tostar seis panes!" Ella tenía razón, y lo que hicimos fue reírnos. Los tipos **D** odían equivocarse. Los **I** alto (como yo) odían quedar mal ante la gente. Entre los dos, convertimos la experiencia en un cuento simpático e instructivo.

Finalmente, el tipo **D** tiene la tendencia a ser muy poco emotivo o sensible. Muy pocas veces llora o se muestra cariñoso. Sencillarnente, no está en su constitución. Su forma de expresar amor puede ser muy fuerte, si usted llega a comprenderlos. Les gusta comprar o producir "cosas" para demostrar sus sentimientos.

Los D son buenos...

Los tipos **D** son excelentes productores, líderes y constructores en cualquier campo. Son muy buenos instructores y oficiales militares; son buenos policías y líderes políticos; son también buenos predicadores, maestros y presidentes de corporación. ¡Son buenos delincuentes o criminales! Su profesión o función en la vida puede variar, pero su personalidad no. Hay algo agitándose dentro de ellos que los hace ir y crecer, ocupar puestos de importancia, avanzar hacia horizontes cada vez más grandes. Como se observó con anterioridad, los tipos **D** hacen que el mundo funcione. Nunca están satisfechos con lo establecido. Constantemente, están buscando nuevas ideas y mejores formas de hacer las cosas. Los apreciamos mucho.

Resumen

Los **D** *toleran el conflicto*. (Pone a circular su sangre con más rapidez.) Siguen la máxima de Joseph Conrad, escritor británico nacido en Polonia: "Enfrentar, siempre enfrentar, es ése el medio de superar. ¡Enfréntate!" Se sienten cómodos, en un campo de batalla. Por lo tanto, tienen necesidades especiales. ¡Bien puede serle ajeno a usted cómo *se sienten* ellos, pero puedo asegurarle que para ellos les es ajeno la forma en que *usted* se siente! Tienen que tener un reto. Los grandes retos los motivan. ¡Cuánto mayor el reto, más a gusto están! Pero tenga cuidado; ¡cuando ya sus mentes no están más en el proyecto, se van! Se van tras nuevos rumbos, buscando nuevos proyectos que iniciar. Por ejemplo, si su trabajo es vender casas, y encuentran un terreno, le hacen un reconocimiento, comienzan a abrir caminos y a quitar árboles, echan los cimientos de las primeras casas..., cuando pierden interés en el proyecto. Ven que ya ha avanzado suficiente como para que ellos comiencen un nuevo proyecto ¡y se van! Hace falta una buena personalidad tipo **C** para completar los cabos sueltos que deja el **D**. (Más adelante en el libro, analizaremos el tipo **C**.)

Los tipos **D** también necesitan *opciones*. No les gusta que los pongan en el mismo molde que los demás. Constantemente están considerando mejores alternativas. Si usted trabaja para un tipo **D**, y quiere en realidad lucirse, proporcionele dos o tres alternativas en relación con una situación que le hayan asignado y entonces, haga sus recomendaciones. Finalmente, termine diciendo: "Podemos combinar algunas de estas alternativas, o podemos analizar alguna otra opción que usted haya pensado; podemos *hacer lo que usted quiera hacer*". Con esas palabras, ¡dio en el clavo!

Finalmente, los **D** necesitan control. Ellos deben sentir que están dirigiendo un proyecto, o rápidamente perderán el interés. Si no pueden encargarse de él, empezarán a buscar "mejor suerte". No es que sean egoístas ni egocéntricos, es que tienen tanto impulso y determinación que se sienten subutilizados si no tienen algún proyecto "a mano" que puedan controlar.

Los tipos de personalidad **D** necesitan un ambiente donde haya *conflicto, reto, opción y control*. Trabajan mejor bajos estas condiciones. Un ambiente que incluya estas cualidades los ayudará a "estar a la altura de las circunstancias". Algunos lectores pensarán: "Yo odíaría tener que trabajar en un medio así". ¡precisamente! Recuerde que hay dos cuestiones básicas que estamos aprendiendo a utilizar. La primera, cómo comprenderse mejor *a sí mismo*. La segunda, como comprender mejor *a los demás*. *Después de todo, si yo lo comprendo a usted y usted me comprende a mí, ¿no es razónable pensar que estaremos dispuestos a tener una mejor relación?*

Dr. Robert A. Rohm

Dr. Robert A. Rohm

El tipo de personalidad I

El tipo de personalidad I es *activo y orientado hacia las personas*. La ilustración muestra dónde caen estas personas en nuestro modelo de la conducta humana (área sombreada, destacada por la estrella).

Los I son **inspiradores**. Usted se siente muy bien, cuando está con ellos porque les gusta divertirse. Disfrutan de la vida al punto de inspirar al resto de las personas a que digamos que después de todo, la vida no es tan dura.

Oí un chiste de que había un nuevo grupo de terapia organizado para las personas que les gusta hablar. Por supuesto, dondequiera que usted se tropiece con un I alto, encontrará a alguien que le gusta hablar. El nuevo grupo terapéutico se llama "Charlatanes anónimos".

Los tipos I son **influyentes**. Pueden venderle pelotas hasta al jugador de pelota que las recibe gratis de otra parte. Hacen que todo parezca grande. ¡Es bueno ser optimista, pero a menudo ellos influyen sobre uno, haciéndole creer que las cosas son mejores de lo que realmente son! Los I alto pueden influir en usted con sus "encantadores" modales. Como son buenos conversadores, pueden hacerle creer prácticamente cualquier cosa. Si son honestos, pueden convertirse en grandes líderes y productores. Si no, pueden ser grandes estafadores. Les encanta el "tejemaneje". Son excelentes en el contacto inicial con los clientes de una organización.

Su habilidad de convencer por medio del encanto se ve de forma patente en la etapa de enamoramiento y noviazgo de una pareja. Veamos lo que ocurre en el siguiente cuento de Ismael cuando, con el entusiasmo arrollador propio de los I, se decide conquistar a Inés.

Ismael rápidamente se dio cuenta que a Inés le encantaba la poesía. Y con un esfuerzo resuelto, se aprendía un poema nuevo casi a diario. Ella se embelesaba escuchando los poemas de amor que él le recitaba.

> Ojos negros indefinibles
> como el cielo y el mar
> hondos y puros...

Y continuaban los poemas de amor: Rubén Darío, José Martí, Amado Nervo y ¡muchos más! Inés se deleitaba con la exuberante demostración de su amado. Como lo esperaba y añoraba Inés, vino la propuesta de matrimonio y la boda. Pero, como si a Ismael le hubiesen amputado una parte de su personalidad, ¡se acabaron las poesías! Se acabaron las memorizaciones ansiosas hasta medianoche. De vez en cuando ella le reclamaba: "Ya no me recitas poemas como hacías cuando éramos novios". A lo cual, él respondía con confundidas excusas y evasivas. Ismael estaba mostrando la proverbial inconsistencia de los I.

¿Por qué? ¿Que pasó? Sencillamente Ismael había usado los poemas como un medio para alcanzar un fin y una vez logrado, el interés por los poemas se esfumó. Los I pueden persuadir a casi todos a su forma de pensar, pero una vez concretada la conquista, puede desaparecer el encanto y el hechizo.

Los I son **inductores**, es decir, hacen que las cosas ocurran. Son agentes causales, personas que estimulan. No se sienten bien hasta que algo ocurre. La calma no forma parte de su constitución. Cuando un grupo de personas se reúne, los I son los últimos que se acuestan a dormir, y los últimos que se levantan al día siguiente. Se quedan despiertos porque no quieren perderse nada, o porque están participando en alguna actividad. (Por desgracia, frecuentemente es una pérdida de tiempo para la mayoría de las personas.) Les gusta dormir hasta tarde porque se imaginan que, de todas formas, ¡no ocurre nada de gran importancia que puedan perderse temprano en la mañana!

Los I **impresionan**; asombran a cualquiera. Tan pronto como entran en una habitación, la atmósfera entera cambia. De repente, las cosas se toman menos en serio; todo se empieza a aligerar. Consideran que la vida es demásiada corta para vivirla abatidos. Se figuran que, como dice el viejo refrán, "si no tienes lo que quieres, quiere a lo que tienes." Una de las razónes por la cual los I son tan buenos habladores, actores, vendedores, comediantes es que para ellos todo el mundo es un *escenario* ¡y ellos son la máxima atracción!

Un maestro I generalmente gana la selección "Maestro del año", porque los I son simpáticos, hacen que se disfrute el aprendizaje, y pueden tener aprendices más receptivos. Con frecuencia, los estudiantes disfrutan estar cerca de ellos para escuchar sus interesantes relatos. (Los I no lo van a admitir, pero nunca tienen ni siquiera planes de la lección. Pueden inspirar a los estudiantes, haciendo que quieran mejorarse, mejorar su futuro y su formación. Si los estudiantes hacen un análisis retrospectivo, pueden recordar y considerar que realmente no recibieron mucha información de ese maestro. Lo que en realidad les ocurrió es que se divirtieron mucho y se sintieron bien con la experiencia de estar en su clase.

Los I son personas **interesantes**. ¡Conocen a tantas personas! A menudo se relacionan con muchas personas importantes. La gente es su vida. Mientras más personas conocen, mas felices son. No tienen que preocuparse por ir a una fiesta porque ¡llevan su fiesta adondequiera que van! Les encanta contar cuentos, reír, imitar a otras personas, que los demás se rían, y así sucesivamente. Cuando se van, podemos sentir que de pronto la temperatura desciende. Empieza a enfriarse, porque el intenso I alto se ha ido.

En muchas ocasiones, una persona tipo I va a tratar de hacer algo mejor que usted para quedar mejor, para impresionar más. En otras palabras, no importa lo que usted haga, ellos pueden superarlo. Hace unos años, oí una conversación entre dos niñas pequeñas. Una de ellas era una niña, llamada Liliana Caldwell. Liliana ya es adulta y es una bella esposa y madre cristiana. Como niña, con una personalidad I alto, Liliana podía "aventajar" a cualquiera. Un día, hablaba con un de sus amigas y le dijo: "Yo puedo nadar". Su amiga le dijo "Yo puedo nadar en lo profundo". Liliana replicó: 'Yo pued saltar del trampolín". Su amiga le contestó: "Yo puedo tirarme de cabeza del trampolín". Liliana intensificó su argumentación de superioridad y dijo: 'Yo puedo hacer una pirueta desde e trampolín". Su amiga agrego: "Yo puedo hacer una pirueta desde el trampolín más alto". De modo que Liliana le dijo: "Yo puedo esquiar sobre el agua". Y su amiga le replicó: "Yo puedo esquiar sobre un esquí". Llegado este momento, Liliana estaba ya frustranda, porque su amiga era capaz de superar todo lo que ella había hecho. Finalmente, después de unos minutos en silencio, Liliana miró a su amiga y le dijo: "¡Ya yo me ahogué!" Su amiga extrañada no contestó más nada. ¡Eso, no lo podía superar!

Los I son **impresionables**, es decir, son muy influenciables. Aunque son en muchos aspectos extrovertidos, también son seguidores. Buscan las últimas modas y las siguen. Tienen tal grado de interés en que los demás gusten de ellos, que están dispuestos a hacer lo que sea necesario para complacerlos. Muchas veces ellos mismos imponen las modas. Básicamente, se visten, comportan y funcionan para llamar la atención de una manera u otra.

En un grupo de personas que analizaban el tipo de personalidad I, un cantautor cubano de tipo I alto, contaba cuán desplomado llegó a sentirse al comienzo de su carrera cuando una persona allegada dudó que los escritos fueran realmente suyos. Al escuchar sus canciones, esta persona le decía que le parecía haberlas escuchado antes. Estos comentarios fueron devastadores para el cantautor porque los interpretó como falta de confianza en sus posibilidades. Es interesante contrastar que una persona tipo D en las mismas circunstancias no se hubiera dejado abatir. Descartaría la opinión como ignorante o hubiera supuesto que su trabajo era tan bueno que podía parecer conocido. En el peor de los casos, lo hubiera considerado un reto para seguir demostrando que era capaz.

Afortunadamente, el escritor contó con el ánimo de otra persona que creía en él, que reconocía su imaginación y talento para la composición, su sensibilidad y capacidad creativa. Esta persona lo alentó a que fuera perfeccionando su talento en el campo de la escritura. Actualmente usa sus descripciones coloridas y construcciones artísticas en sus canciones para captar la imaginación y para confrontar actitudes arcaicas y poco constructivas con aquéllas que ayudan a realzar la dignidad humana.

En lo personal, recuerdo con tanto agrado el estímulo que recibía de un instructor de gimnasia que yo tenía en la escuela secundaria. Me doy cuenta que él tenía un perfil de tipo "I" bien definido. Un día me dijo que si él me hiciera competir en una carrera con una liebre, de un extremo de la cancha al otro, ¡no había duda que yo ganaría! Eso me hizo sentir tan bien que intenté complacerlo. Su confianza en mi me hizo querer estar al nivel de sus expectativas. Cuando le demostramos a una persona que tenemos de ella expectativas altas, en muchas ocasiones, tratará de alcanzarlas.

Un amigo mío, jugador de pelota profesional, me contó la siguiente historia:

Un día estaba visitando una prisión, compartiendo una palabra de aliento a los reclusos. Les conté que cuando era niño, mi padre y yo solíamos jugar a la pelota por las tardes. Un día, pateé la pelota por encima de su cabeza y pensé que eso me traería problemas. Pero mi papá me dijo: "Hijo, cualquiera que patee la pelota así de lejos va a jugar algún día en equipos profesionales". En otra ocasión, mi padre me lanzó la pelota y yo traté de atajarla con todas mis fuerzas, pero no pude. Mi padre me miró y dijo: "Hijo, el que pueda intentar atajar semejante patada va a jugar como profesional algún día". Y en otra ocasión, pateé la pelota por encima de la cerca, a través del cristal de la ventana del vecino. Mi padre dijo: "Hijo, el que pueda patear una pelota así va a jugar en las ligas profesionales algún día". ¡Cuándo crecí, no me quedo otra cosa que jugar en las ligas profesionales!

Mi amigo continuó, "Después que terminé de hablar, un hombre con cadenas en los tobillos, vino hacia mí y me dijo: "Yo tuve un papá muy parecido al suyo. El me dijo que yo no era bueno y que nunca haría nada bueno, y que un día terminaria en la prisión. Yo también realicé sus sueños! " ¡Que importante es compartir palabras de aliento y construir confianza en aquéllos que nos rodean, especialmente en nuestra juventud!

A los I altos les gusta ser **importantes**. Ellos odían a los trabajos o tareas de menor importancia. Les gusta comenzar por encima. Se preocupan más por el título del puesto y por el prestigio que representa, que por el poder. Si un maestro de escuela le dice a Juanito que, si se porta bien, logrará una estrella roja al lado de su nombre, él va a estar realmente complacido y pensará: ¡Oh, qué bueno! (Dígale usted lo mismo a los tipos D y pensarán: "¡Guárdese su tonta estrella, y *déjeme* a mí ser maestro!)

Los I son soñadores y maquinadores. Siempre están pensando en algo, deseando algo, o dejando que su mente vague por aventuras excitantes. Sencillamente creen que el "gran suceso" de su vida está a la vuelta de la esquina. Si juntaran todos sus pensamientos, los organizaran y los pusieran en un plan de acción práctico, no habría nada que los detuviera. Lamentablemente, la mayoría de los I alto han perdido casi totalmente el contacto con sus sentimientos y con la realidad. Deben recordar que "¡No todo lo que brilla es oro!"

Los mismos sentimientos que hacen que los I deseen ser importantes pueden conducirlos a grandes desequilibrios en su vida. Tengo un amigo I alto que, a pesar de tener talento y amplios intereses, no ha logrado alcanzar notoriedad en ninguna esfera. Ha tenido grandes dificultades para ajustarse a las normas y a la disciplina que exige el trabajo. No alcanza a tener la persistencia y tenacidad que requiere el desarrollo personal en una dirección particular. Los mismos deseos fuertes, cargados de emotividad que lo han estimulado a iniciar con ahínco un camino, lo llevan a abandonarlo una vez que se enfrenta a la necesidad de persistir en los esfuerzos y en las dificultades de lo cotidíano. Su vida está llena de caminos iniciados con buenos resultados, pero nunca llevados hasta el final. Esta inestabilidad ha ido mermando sus posibilidades de realización personal, afectando a su vez su estabilidad emocional, económica y familiar. Los I, más que ningún otro tipo de personalidad, enfrentan esta situación de cambios extremos y abruptos en la trayectoria de su vida.

Una gran cantidad de tipos I alto son atletas. Aman la gloria del campo deportivo. Con frecuencia, juegan las posiciones que no requieren golpear a nadie, ni que les golpeen. Les gusta lucir limpios *antes y después* del juego. Son buenos competidores, pero por razónes propias. Los instructores que comprenden a los atletas I saben que pueden obtener el doble de ellos con la *alabanza*. No les gusta que los "rebajen". "¿Para qué me voy a esforzar, si yo no le simpatizo?" Cuando usted los estimula, piensan que usted *cree* en ellos y en sus habilidades. Ahí es cuando estaran en disposición de "matarse" por usted, para mostrarle cuánta razón tenía.

Los I son **intercambiables**. Son como camaleones, pueden cambiar de "colores" con mucha rapidez para adoptar características de su ambiente. Pueden estar de una manera el domingo (en la iglesia) y de otra manera el lunes (en el trabajo): no tienen problemas con la inconsistencia. Se figuran que todo el mundo es **inconsistente**, asi que no se preocupan mucho por eso. Si no entienden las implicaciones de su tipo de personalidad, sus vidas serán como una larga "montaña rusa" de altas y bajas. Irónicamente, ningún otro tipo de personalidad es tan capaz de ajustar el tono o la dirección de sus actividades como lo hace un I. Cuando enfrentan la realidad de que pueden perder unos cuantos amigos o ser el hazmerreír de los demás, y están además determinados a hacer el bien, entonces, pueden convertirse en líderes **inspiradores**.

Quizás el tipo I más pintoresco que haya conocido fue Mel Livingston, un amigo con el que jugaba balompié en la universidad. Mel era una persona que realmente *hacía* las cosas que la mayoría de las personas dicen que van a hacer pero no hacen. En 1968, Mel decidió ir a los juegos olímpicos en México.

Cuando dijo: "Voy a las Olimpiadas", la mayoría de las personas sencillamente se rieron, pero aquellos que realmente lo conocíamos, sabíamos que probablemente iría. Si usted tiene alguna vez la oportunidad de ver los acontecimientos sobresalientes de esos juegos, hay un grupo de personas corriendo a lo largo de la pista, enfrente de los que llevan las banderas de las diferentes naciones. Mire con cuidado, y verá a un joven con pelo largo, rubio, con una gran sonrisa saludando a la cámara: ése es Mel Livingston. ¡Nunca he encontrado a nadie con tantas "agallas" como Mel!

Los **I** viven **interesados** en las personas. Eso es lo que los hace funcionar de forma tan característica. Se preocupan por lo que los demás piensan de ellos. Evalúan todos los proyectos por el nivel de interés mostrado por los demás. Les gusta viajar o ir a lugares en grupos. Algunas personas son felices si pueden contar con un amigo cercano, pero no los **I**. A ellos les encantan las personas y la actividad. Estan interesados en todo lo que hace cada quién.

Recientemente, fui consejero de una familia que tiene un hijo adolescente muy activo. Los padres no podían entender por qué el hijo siempre quería estar "de un lado para otro" con sus amigos. Concluyeron que sencillamente algo le pasaba. El muchacho no podía comprender por qué sus padres siempre querían que se quedara en la casa leyendo. De modo que les di a los tres (al padre, a la madre y al hijo) un análisis del estilo de personalidad. Ambos padres tenían un perfil **C** (se tratara en el Capítulo cinco), pero su hijo tenia un perfil **I**, sumamente alto. Cuando comencé a explicarles las características de los **I**, tendrían que haber visto la expresión en la cara del hijo. Parecia decir: "¡Por fin... alguien que realmente me comprende!" Le expliqué cómo él tenía que disciplinarse, o su ilimitado potencial eventualmente podía "evaporarse". Mucho "ir y venir" puede ser muy bueno si se acopla con la madurez y la disciplina personal. También le expliqué a los padres cómo ellos no necesitaban tomar las cosas tan, pero tan en serio y aprender a disfrutar de ellas. Se fueron de mi oficina en mejores condiciones y más unidos como familia, porque los tres se comprendían mejor.

Recuerdo cuando era pequeño, decirle a mi madre que tenía que dejarme hacer diversas actividades porque todo el mundo las hacía. Con frecuencia me miraba y me decía: "Si todo el mundo se tira al fuego, ¿tu también lo harías?" Aunque nunca le respondí!, si pensaba: "¡Bien, si todos los demás lo hacen, creo que yo lo haria también!" ¡Los I no son realmente lógicos! (quizás una palabra buena para un I sería **ilógico**.)

A los I alto no les interesa tanto llegar a terminar un trabajo; su interés primordíal es cómo se lleva cada persona con las demás durante el trabajo. Las relaciones son para ellos lo supremo; hay que amar a aquéllos que están heridos en sus sentimientos.. . ¡especialmente si son ellos!

Porcentaje en la población

Las investigaciones parecen indicar que alrededor de un 25 - 30% de la población general tiene este tipo de personalidad como componente fundamental. Ese es un gran porcentaje de la población. Sin embargo, concuerda con el número de comedíantes, actores, oradores, y personas que participan en actividades de entretenimiento en nuestro medio.

Ejempio bíblico

El mejor ejemplo bíblico que pudieramos citar es el Apóstol Pedro. ¡El era tan impetuoso! Era el discípulo que siempre hablaba antes de pensar. (Por la boca muere el pez.) Es muy interesante leer la historia de Mateo 16:13-17. Jesús le preguntó a los discipulos: "¿Qué dicen los hombres de mi?" Después de ellos andar con rodeos, Pedro habló: "¡Tu eres el Mesías!" Jesús alabó la sabiduría que habia mostrado y le dijo que Dios estaba obrando en su vida. Sin embargo, unos minutos después, Jesús les dijo a los discípulos que pronto El iba a enfrentar una deserción y la muerte (Mateo 16:21-23). Pedro reprendió a Jesús, diciéndole que eso nunca sucedería. Jesús, en cambio, reprendío a Pedro, y le llamó *¡satanás!*

Empecé a pensar en eso. ¿Cómo podía Pedro estar "tan conectado", y un minuto después "tan desconectado"? Entonces, recordé la palabra clave: ¡control!

Cuando usted está bajo el control de Dios, usted tiene un gran valor para Dios y para otras personas. ¡Cuando está fuera del control de Dios, no le es útil a El, ni a otras personas, y ni siquiera a sí mismo! Pedro en realidad aprendió su lección, de la forma mas dura.

Sin embargo, el hecho de que uno haya fallado en una situación no significa que sea un fracaso como persona. Ningún fracaso es definitivo. Después de la resurrección de Cristo, Dios necesitó que alguien se levantara y proclamara las buenas noticias. En Hechos 2, en el día de Pentecostés, se reunieron más 5 000 personas. ¿A quien *cree* usted que Dios llamó para que se levantara a hablar frente a todas aquellas personas? Así es, ¡al Apóstol Pedro! El hizo un gran trabajo. Se sentía a gusto hablando a las multitudes, enseñándoles y predicándoles. Estaba bajo el control de Dios enriqueciendo la vida de muchísimas personas.

Es interesante notar que Pedro escribió solo dos libros muy cortos del Nuevo Testamento. Los **I** luchan con la redacción. No tienen ni la paciencia ni la inclinación para escribir. Sueñan, ablan acerca de escribir sobre algoo - pero sencillamente no lo hacen. Con frecuencia, los **D** y los **C** harán todo ese trabajo porque ambos están orientados hacia la tarea. La parte más difícil de mi trabajo de doctorado fue escribir mi tesis; tuve que disciplinarme para trabajar un poco todos los días. De otra forma, nunca lo hubiera terminado. Simplemente, es muy laborioso y aburrido, nada excitante. Esto puede ser normal, pero no tiene que seguir siendo la norma para un **I** alto.

Ilustración personal

Dos de mis hijas tienen perfiles I, Ester (la segunda) y Susana (la cuarta). A los I les gusta tener mucha diversión. Como ya dije, nunca tienen que ir a una fiesta; ¡ellos la llevan consigo dondequiera que van! Un día mi segunda hija, Ester, le contestó mal su madre, y tuve que disciplinarla. Mi disciplina o entrenamiento de ella difiere de mi disciplina hacia Raquel (tipo D, ¿recuerdan?). Ester ama hablar, así que le dije: "Veamos, tu le contestaste mal a tu madre y sabes que no te es permitido hacerlo. Ahora tienes una restricción telefónica durante tres días." Decirle a un I que no puede hablar, es como matarlo. Es la disciplina más dura que pueden afrontar. Después que pasó un día sin hablar por teléfono vino a mí y me preguntó: 'Papi, ¿no podrías sencillamente pegarme?" Y agregó: "Mejor me quito este castigo de encima. ¡Me muero por hablar por teléfono!" Con esa confirmación de su parte, supe que había encontrado la disciplina adecuada para ella.

Ya mencioné que había tenido que disciplinar a cada una de mis hijas de forma diferente. Si usted le dice a un D que le está prohibido el uso del teléfono, va a pensar: "¿Y a mi qué? No necesito tu teléfono. Voy a comprar mi propio teléfono un día, y entonces no podrás decirme qué debo hacer. Tendré dinero algún día y vas a venir a mi necesitando un préstamo y te voy a conseguir un préstamo... ¡con un interés al doble!" ¿Se da cuenta usted cómo debemos criar, entrenar, enseñar y disciplinar a cada niño de manera diferente?

Debemos reconocer nuestro propio estilo de personalidad individual y trabajar en armonía con él y con nosotros mismos y no en contra de él. Si podemos aprender a ser nuestro mejor amigo, vamos todos a disfrutar de una vida más productiva.

Mi campeón de boxeo favorito fue Joe Frazier. Una vez leí un artículo sobre él en la revista Selecciones. Cuando Joe se estaba entrenando para su pelea de peso pesado contra Mohamed Alí, se levantaba a las cuatro y media de la mañana y corría ocho kilómetros. Joe dijo que en muchas ocasiones, después de haber corrido más de siete kilómetros, podía oír una pequeña voz interior que le decía: "¿Por qué no dejas ya de correr? Nadie está mirando. Nadie se va a enterar". Joe dijo que seguía corriendo mientras pensaba: "¡Mano, yo soy la *última* persona que quiero engañar!" Yo nunca he olvidado esa historia. Si los I no son cuidadosos, pueden pasarse la vida engañando a muchas personas, pero a nadie engañan más que a ellos mismos!

Susana, mi cuarta hija, tipo I, es muy divertida. Ella fue a pasar un fin de semana con mi madre, su abuela. Mi madre me dijo que estaban en una tienda cuando Susana descubrió un reloj de pulsera: "Por favor, cómprame este reloj - yo necesito este reloj - yo no tengo reloj, abuela - por favor, cómprame un reloj - ¡¡por favor, por favor, por favor!!" Mi madre dijo: "Susana, ¡esos relojes son una basura! No va a funcionar; es pura chatarra". Susana replicó: "Por favor, abuela, ¡si de verdad me quieres, cómprame el reloj!" Bueno, como bien saben, los abuelos son "consentidores". Mi madre dijo: "Está bien, Susana, yo te voy a comprar el reloj". Al otro día, Susana estaba dándole cuerda al reloj, cuando se sintió un ruido de esos: ¡boinnngggg! Los pedazos volaron por todas partes. Mi madre pensó que ésa era una buena oportunidad de enseñarle una lección a Susana. Asi que le dijo: "Ves, Susana debiste haberme oído cuando te dije de no comprarlo, porque es una basura. Si me hubieras hecho caso, esto nunca hubiera sucedido".

Susana miró a mi madre y le dijo: '¿Que debí haberte escuchado? Yo sé que debí haberte escuchado. Yo apenas soy una niña. Pero fuiste tú la que me escuchaste a mi. ¡Por eso es que tenemos este problema!" Mi madre me dijo: "¡Yo estaba tan confundida que terminé disculpándome con ella! ¡No sabía lo que estaba ocurriendo!" Los I pueden virar o bien tergiversar las cosas tan rápidamente que uno ni se da cuenta de lo que está ocurriendo. Uno de sus lemas es: "¡Quizás no logre reconocimiento por todo, pero, de ninguna manera permitiré que se me eche la culpa por *nada*!

A propósito, después que usted comprenda las diferencias entre estos tipos de personalidad, estará mejor equipado para hablar con sus hijos y con sus estudiantes. Ellos se sorprenderán cuando usted les diga cormó se sienten interiormente. Y si usted les da una explicación acertada, le van a prestar atención. Entonces sedarán cuenta de que usted realmente los entiende, y sabe lo que están pasando. ¡Usted ha aprendido a ver la vida a través de sus lentes!

Necesidad básica

La necesidad mayor que el I alto busca satisfacer es la del reconocimiento. Déles un poco de aliento y atención, ¡y ellos lo seguirán adondequiera! Los I tienen temor a perder a sus amigos o su popularidad. Por lo tanto, son susceptibles a la tentación. Oí a alguien decir un día: "¡Puedo vencer cualquier cosa, menos la tentación!" Los I necesitan ser parte de un grupo. Necesitan tener amigos cercanos con los cuales puedan contar. Si en algún momento a usted le hace falta que ellos lo atiendan, simplemente llámelos en alta voz, por sus nombres, ¡es el sonido más dulce que sus oídos pueden oír!

Fortalezas

Los I son muy amistosos. Parecen hablar o saludar a cuántos ven. Para ellos no existe el desconocido. Después de haber estado con ellos unos cinco minutos, usted siente como si los hubiera conocido toda su vida. Tienen pocos enemigos porque son "complacientes", quieren gustarle a todo el mundo. Una afirmación típica de un I es: "Nunca conocí a una persona que no me gustara".

Los I son compasivos. Tienden a actuar antes de pensar. Aveces, están dispuestos a dar la camisa que traen puesta, sólo para descubrir que afuera hace frío. La mayor parte de sus acciones están motivadas por el refrán: "trata a los demás como quieres que te traten a ti" (Están también muy interesados en cómo usted los "trata" - o sea, ¡se figuran que si son amables con usted, entonces usted les debe a cambio, el ser amable con ellos!) Tienen *grandes corazónes* porque les gusta mucho la gente. Lamentablemente, con fácilidad otros se aprovechan de ellos.

Supe de un caso de un director de campamento para niños hispanos, con personalidad tipo I, que consiguió los fondos necesarios para ofrecer unas clases de teatro que él mismo podría dar.

Pero conoció a un señor, un actor del Caribe, que recién llegaba al país con poco dinero. Movido por la necesidad económica de su nuevo "amigo" el actor, el director no sólo le ofrecio el puesto de maestro de la clase, sino que se lo pagó por adelantado. ¡Que corazón más noble! ¿no? Pero ocurrió que después de pocas clases el actor dejó de ir. El director no podía concebir que alguien fuera tan irresponsable con los niños, y tan abusador de la relación que el director compasivamente había considerado como "amistad".

Los I son despreocupados. A veces se valen sólo de su experiencia e intuición para tomar decisiones. En ocasiones parecen inestables, simplemente porque tienen una gran cantidad de energía. Una vez vi un libro titulado "¿Por qué me siento culpable cuando descanso?" Pensé : "Eso debe haberlo escrito un I. Aunque es bueno tomar la vida con ligereza, no siempre produce buenos resultados. Mi buen amigo y orador, Zig Ziglar dice: "Si usted es duro consigo mismo, la vida le será suave, pero si usted es suave consigo, la vida le será dura!" Los I pueden aprender mucho enfocándose en esta verdad. (A propósito, ¡a los I les gusta mencionar los nombres de sus amigos importantes! ¡Les ayuda con su propia **identidad**!)

En ocasiones, los I alto son dominantes por ser tan habladores. La mayor parte del tiempo prefieren el ruido al silencio. "Los I parecen saber algo de todo... o por lo menos, eso es lo que le hacen pensar cuando dan su opinión o punto de vista sobre cualquier tema. Por lo general, son los primeros en hablar en un ascensor lleno de personas. Y cuando usted está pagando en el supermercado tenga cuidado si se le acerca un I. Es posible que conversen con usted acerca de cualquier cosa: recetas, alimentos que han comprado, sus hijos, los planes que tienen para irse de vacaciones, sus familiares, y demás. Seguramente usted pensará: "acaso lo conozco?"

Los I son extrovertidos y entusiastas. Se excitan por... bueno, ¡casi por cualquier cosa! Les gusta reunirse con sus familiares y amigos por cualquier motivo: Fin de año, Día de los enamorados, Pascuas, Navidades, cumpleaños, aniversarios, o bien como decía una senora puertorriqueña "en cada bautizo de muñeca". ¡Lo que sea, allí están! Piense en cualquier espacio publicitario de televisión excitante que haya visto. Por lo común, el que lo anuncia es un I. Venden carros, promueven sus bufetes de abogados, ostentan sus habilidades de lucha, se jactan de cuánto han adelgazado, y así sucesivamente. Se sienten cómodos y a gusto cuando están delante de otras personas. ¡Para ellos, todo el mundo es un escenario y ellos son la atracción principal! Uno de sus pensamientos favoritos puede resumirse en el siguiente: "¡Qué encanto ser el centro de atención!"

Los I son cálidos y agradables. Son el tipo de persona que usted desea tener como amigo porque son transparentes. Cuando usted tiene un día difícil, son los primeros en animarlo. Le contarán de alguna experiencia problemática que tuvieron y cómo lo pudieron resolver. Muy pronto, usted empezará a sentirse mejor. Tienen una forma particular de ver el lado positivo y alegre de la vida. Para ellos, como dice el refrán: "Si vives alegre, rico eres". Sin embargo, sus propias emociones pueden decaer también. Si en algún momento les va mal, esmérese por prestarles un poco de atención y verá que no demoran mucho en "recuperarse".

En general, los tipos I han aprendido el secreto de atraer a los demás. Cuando yo era pequeño, mi padre me llevó al zoológico. En el camino, nos detuvimos en un restaurante para almorzar. Cuando ya nos íbamos, mi padre puso una media docena de paquetitos de azúcar en su bolsillo. Cuando le pregunté lo que hacía, me dijo: "Ya verás". Cuando llegamos al zoológico, caminamos por los alrededores, viendo a los animales. Finalmente, llegamos a donde estaban los elefantes. Las personas ahí presentes les estaban alcanzando maníes. Los elefantes extendían su larga trompa y cogían los maníes de sus manos. Cuando mi padre puso los cubitos de azúcar en sus manos, musitó: "¡Mira!" De pronto, las trompas de los elefantes comenzaron a desplazarse hacia nosotros. ¡Si no hubiéramos estado protegidos por una barrera, nos hubieran aplastado! Nos convertimos en el centro de la atención. Todo el mundo quería saber qué habíamos empleado para lograr atraer a los elefantes.

Cuando ya nos íbamos mi padre se los dijo. Aquella tarde, en camino a la casa, me dijo: "Nunca olvides lo que vistes hoy. ¡Siempre recuerda que en la vida puedes ser mucho más productivo con azúcar que con *maníes*!" Los I comprenden esa verdad.

Debilidades

Como se señaló al tratar la categoría de los **D**, las debilidades son simplemente fortalezas llevadas al extremo. Cuando estamos bajo presión o fuera de control, con frecuencia comenzamos a funcionar según nuestras inclinaciones naturales, sólo que con más intensidad. Recuerde, nuestras fortalezas nos *ayudan* y contamos con ellas, pero llevadas a un extremo son nuestras debilidades que deben *preocuparnos*.

Los I pueden ser muy débiles de voluntad si se ven presionados a hacer cosas que no deben hacer. Debido a que el I alto quiere agradar, en ocasiones se permite ser **ilógico**. El tiene la tendencia a ver lo mejor en los demás; por lo tanto, espera que éstos hagan lo mismo con él. Cuando de repente se encuentra en una situación desfavorable, rápidamente comienza a "deshilarse", es decir, a debilitarse. Sus virtudes morales, su sinceridad, ética e integridad pueden sufrir. Si un I se comprende a sí mismo, puede evitar ser débil de voluntad a través del poder del Espíritu Santo y la disciplina de decirse a sí mismo lo siguiente: "Yo sé que quiero agradarle a estas personas, pero lo que me están pidiendo es ilegal (o inmoral) ; por lo tanto, no puedo hacerlo. Puede que pierda a algunos amigos, y eso será doloroso, ¡pero al menos puedo mantener mi integridad!"

Los I a menudo parecen ser inestables e indisciplinados. Son muy **impulsivos** en sus patrones de conducta. Debido a que son despreocupados, a veces no se dan cuenta de las ventajas de la disciplina personal. Como ya se mencionó, el I, quizás más que cualquier otro tipo de personalidad, tiene un potencial ilimitado, pero tristemente, a menudo no produce nada más que una vida llena de sueños no realizados. Si decide tomar un rumbo, planea los pasos a realizar a lo largo del camino, y está dispuesto a rendir cuenta a otros, no tienen límite sus éxitos.

Los I son inquietos. Les es difícil mantenerse concentrados hasta completar un proyecto. Su "brújula" parece estar perdida. (Parecen haber perdido su norte.) Se sentirán insatisfechos en cualquier senda que escojan, puesto que ¡disfrutan demásiado del cambio! Cuando se van del consultorio del doctor piensan: "Me hubiera gustado ser médico". Cuando se van de la iglesia dicen:"De haber sido un predicador, lo hubiera disfrutado mucho". Cuando van a algún partido piensan: "Yo hubiera sido un gran atleta". Lo ajeno es siempre mejor. Puede que cambien de carrera buscando ese trabajo o ambiente ideal. No pueden darse cuenta que "dondequiera que vayan... ¡ ahí estás tú!" Si ellos reconocen esa debilidad y enfrentan lo que realmente es una debilidad del tipo I alto), podrán ser capaces de hacer algo al respecto para remediarlo. No tiene nada de malo cambiar de carrera, y ciertamente, no hay nada incorrecto en querer el mejoramiento propio. No obstante, cuando todo lo que se hace es saltar de un trabajo al siguiente, buscando la paz y la felicidad, raramente éstas se encuentran. Oí decir una vez: Nunca puedes *encontrar* la felicidad; ¡la felicidad te encuentra a ti! ¡Viene como resultado de una vida disciplinada! He llegado aconvencerme de que esa afirmación es muy precisa y verdadera.

Cuando me casé, constantemente estaba involucrado en actividades con muchas personas y a menudo invitaba a uno o dos de mis amigos (a veces aun más) a mi casa a comer. Consideraba a mi casa como si fuera un pequeño restaurante. Aunque mi esposa disfrutaba el hecho de tener visitas, haciendo un análisis retrospectivo, admito que me excedí. Tuve que llegar a controlar esto y darme cuenta que a veces es importante *no ser* "el alma de la fiesta", y reservar algún tiempo para la vida en pareja.

Los I tienden a hablar en voz alta. Les es difícil escuchar, pero no el hablar. En un salón, son capaces de ahogar las diversas conversaciones aumentando su propio volumen para que todo el mundo pueda oír lo que están diciendo. Muy pronto, han logrado atraer la mayor parte de la atención, a medida que cada grupo, uno por uno, desplaza su atención de su propia conversación para oír a las excitantes hazañas del señor I. El tiene dos velocidades: ¡rapido y a todo lo que da! Conviene que el I aumente su "capacidad de escuchar", o se perderá algo que vale la pena.

Una de las mayores debilidades de un I es que no se puede contar con él. En ocasiones puede aparecer muy inconsistente. Esto es porque intenta más de lo que realmente puede hacer. Quiere con tanta intensidad que las personas gusten de él que lucha por no decepcionar a nadie. A menudo se enfrenta a conflictos en su calendario. Dice que sí, antes de considerar sus compromisos previos. Una afirmación excelente que debe aprender un I alto es: "Prefiero no comprometerme, a incumplir. Cuando consulte mi agenda, me comunico contigo". Los I alto tienden a "abarcar más de lo que aprietan", y entonces tratan de apurarse para compensar. Recuerde, que esta debilidad no es más que la fortaleza de ser extrovertido y entusiasta, llevada al extremo. El señor I siempre está en movimiento, excitado en relación con todas las oportunidades que se presentan. Sin embargo, cuando se ha involucrado "hasta los tuétanos", comienza a retroceder, sintiéndose desesperado por sus circunstancias; comienza así a revelar su naturaleza poco confiable o irresponsable. A propósito. nunca le diga un secreto a un I. Les encanta oír secretos, pero no pueden guardarlos. Siempre se lo dicen a alguien "de manera confidencial".

Otra debilidad que el I enfrenta es el tener un estilo de vida egocéntrico. En otras palabras, les es fácil que todo gire en torno a *sí mismos*. Al hacer planes, los I usualmente miran hacia las cosas primero desde su propio punto de vista. ¡Si a *ellos* les gustan, tienen la seguridad de que a todo el mundo le van a gustar también!

Los I tienen una tendencia natural a exagerar mucho. ¡El último libro que leyeron fue el mejor; la última película que vieron fue la más interesante; el último buen restaurante tenía la mejor comida, y por supuesto, cada canción es su canción favorita! La razón de esto es que llevan lo emocional en las venas; es parte de su constitución. No es poco común ver a un I expresar sus emociones abiertamente. Las lágrimas son sus amigas. (¡Pueden hasta útilizarlas en su provecho!) Los I son muy expresivos y útilizan adjetivos en abundancia que los ayudan a pintar el cuadro de la historia que están contando,

Otra debilidad del tipo I es el ser temeroso. Aunque exteriormente aparenta disfrutar los riesgos, interiormente tiene miedo. ¿Qué ocurre si las cosas no suceden como él dice? Se reirán y se burlarán de él, y no hay cosa peor. Aunque demuestre un conocimiento completo de lo que está ocurriendo en su ambiente, ¡a veces demuestra tener más confianza que habilidad!

Los I son buenos ...

Los tipos de personalidad I alto son buenos actores. Aman el escenario. ¡También pueden actuar fuera del escenario! Cuando son niños, los I pueden reír en un momento y llorar en el siguiente. Cuando son adolescentes, pueden convencerlo a usted de casi cualquier cosa, cuando representan el papel de mártir, de héroe, o de lo que exijan las circunstancias.

Son también buenos vendedores. Maniobran entre sus objeciones, hasta que lo convencen y usted dice: "¡Lo compro!" El único problema con los vendedores que son I es que a veces hablan tanto que se olvidan de pedir el encargo. Es importante para ellos ser persuasivos de una manera "encantadora" para el cliente. De esa manera, aunque no realicen la venta, aun así ganan, porque por lo menos caen bien. Los empleados que son I pueden beneficiarse estableciendo metas a corto plazo, alcanzables y un patrón de medición de la productividad. De otra forma, pueden visitar a un cliente, causar una gran impresión, disfrutar el proceso, pero no son productivos en realizar "lo principal", la venta.

Finalmente, los I son buenos oradores. Son buenos en una relación uno a uno, pero son aun mejores frente a una multitud. No se rehusan a tomar la palabra, estén o no preparados. Su punto de vista es: "¡con solo abrir la boca, algo saldrá!" Son buenos

Dr. Robert A. Rohm

anunciadores de radio, oradores motivadores, evangelistas, subastadores, o estafadores. Todo depende de su control propio e integridad. Sobresalen en cualquier vocación donde hablar sea el factor principal.

El tipo de personalidad S

El tipo de personalidad **S** es *reservado y orientado hacia las personas*. Imagínese mentalmente donde cae este tipo en nuestro modelo de la conducta humana (área sombreada señalada por los signos más y menos).

Los tipos **S** son **eStables** y **seguros**. A ellos les gusta hacer las cosas una por una. La rutina puede resultar aburrida para muchas personas, pero no para ellos porque les da seguridad las cosas sean constantes y ordenadas. El viejo refrán: "un lugar para cada cosa, y cada cosa en su lugar", fue elaborado por a personalidad tipo **S**.

Estos individuos transmiten y a la vez *desean* mucha seguridad. La *transmiten* en el sentido de que quieren que usted sepa que estarán siempre de su parte, listos para apoyarlo; desean, porque quieren saber que usted también estará de parte de ellos, listo para apoyarlos. Pueden mantener secretos sin nunca decírselos a nadie.

Tengo un amigo que tiene un perfil **S** bien acentuado. Aunque es una persona que se da a querer, se desvela por gradar a la gente. Es admirable el deseo de un **S** alto de complacer a los demás: estan dispuestos a ir más allá de lo esperado por lograrlo. Después que completó su primer grado de Doctorado en Filosofía, mi amigo empezó a preocuparse por no haber hecho lo suficiente para ser el orgullo de su familia. Así que, ¡regresó a una escuela mayor y más conocida a completar su segundo grado de doctorado! Afortunadamente, sus esfuerzos no fueron en bano y la experiencia no le costó su salud mental. Ahora se da cuenta que probablemente logró alcanzar sus metas por motivos equivocados, puesto que había perdido conciencia del porqué de lo había hecho en primer lugar.

Provenía de una familia alcohólica que no le había dado, o posiblemente no podía darle, el aprecio que su tipo de personalidad necesita. Permanecía en la escuela, durante largas horas, para evitar los conflictos de su casa porque los S odían los conflictos. Para evitar altercados se quedaba en la escuela incluso los días feriados, salvo la víspera y el día de Navidad. Al día siguiente, regresaba de nuevo para continuar sus estudios o para ejercitarse en las instalaciones deportivas.

Una vez me dijo, bromeando, que la cosa mas extraña que había descubierto en la universidad era el grupo de debate. "Es un misterio para mí que alguien quiera emplear la discusión para competir. ¡Yo la evito como si fuera una plaga, y esa gente trata de pertenecer a un equipo para discutir! "Puedo aún verlo moviendo su cabeza, riendo, y diciendo: "¡No podía creerlo!" Si usted es un tipo de personalidad S, comprende perfectamente lo que quiso decir.

Quizás el concepto que más nos ayude a enfocarnos en esta personalidad es el de **servidor** que apoya. Los tipos S constituyen el mayor porcentaje de las profesiones de servicio; son magníficos ayudantes. La palabra que más trabajo les cuesta decir es "no" porque son personas que les gusta complacer. Buscan la manera de cooperar y ayudar. Quieren que usted se sienta querido y apoyado. A muchas personas no les gusta la palabra "servidor" porque piensan que suena medieval y denigrante. Pero en realidad, todos somos servidores en alguna medida. La vocación más noble en la vida es ser un servidor. Aun el propio Jesús se consideraba a sí mismo un servidor (Marcos 10:45). Cuando nos esmeramos por ayudar a los que servimos, los hacemos quedar bien, y a cambio, nos beneficiamos por esas acciones.

Tengo un amigo que es un vicepresidente en Merrill Lynch. En una ocasión se encontraba entre varios corredores que ofrecían sus servicios a un señor que quería invertir lo que había ganado en la venta de su negocio. Cada agente presentaba su propuesta. Mi amigo Roberto consideró "¿Cuál es la mejor forma de servir a este hombre?" Investigó mucho y encontró que en una cuenta particular le podía conseguir al señor un enorme interés diario. Cuando Roberto hizo su presentación, no sólo le explicó lo de la cuenta sino que añadió que ya había hecho los preparativos para que esta persona recibiera el enorme interés *desde ese mismo día*, en caso de que eligiera invertir en la compañía de Roberto. Después de que el resto de los agentes presentaron sus propuestas, el hombre escogió a mi amigo para representarlo, basando su decisión en el hecho de que estaba velando por sus intereses desde ese mismo día. Por supuesto, estoy contando esta historia porque Roberto tiene un perfil S, y para él es natural velar por los mejores intereses de sus clientes. El tiene un corazón de servidor.

Sea cual fuere su estilo de personalidad, usted puede desarrollar este hábito de considerar la mejor manera de servir a los demás. Es más fácil para los tipos S y los tipos I porque ellos están orientados hacia las personas, pero cualquiera puede cultivar esta disposición mental si se esfuerza.

Los tipos S son **suaves** y dulces. Nunca he encontrado un S que no me agradara... ¡son tan especiales! No son ni insistentes ni autoritarios. Lo hacen sentir a uno como en su casa, sencillamente es agradable estar cerca de ellos. Uno se siente a gusto cuando está en presencia de ellos. Siempre se relegan al segundo plano dándole así oportunidad a los demás para ser los primeros. Hay algo en la naturaleza humana que nos hace a todos rechazar a una persona autoritaria, "sabelotodo"; el tipo S es justamente lo contrario. Por eso, todo el mundo les responde positivamente y gusta de ellos. Lo gracioso de esto es que los tipos S no hacen algo con el afán de caer bien. Es sencillamente su forma de ser; serían así aunque nadie los viera. Son personas dulces. Consideran que "sin segundo, no hay primero".

El tipo S es algo **sumiso**. Sigue las órdenes muy bien, quizás demasiado bien. A menudo he pensado que una gran cantidad de jóvenes tipo S son realmente buenos muchachos, pero han tenido problemas con las drogas, conductas inmorales, y demás simplemente porque les resulta difícil decir "**no**". Les gusta agradar y por eso tratan de hacer lo que usted quiere que hagan. Bien puede ser que los consejos dados a los "**S**" que consistan en decir "**no**" o ponerse firmes no funcionen fácilmente con ellos.

Otra característica del tipo **S** es su timidez. Con frecuencia prefieren sentarse atrás para que nadie se percate de ellos. Casi nunca levantan la mano para hablar; prefieren pasar inadvertidos. No es que no les guste la gente, al contrario: aman a los demás. Lo que les sucede es que sencillamente no quieren ser insistentes. Les gusta divertirse y disfrutar de todas las atracciones, siempre que no sean ellos el centro de la atención.

En cierta ocasión, estuve presentando en una convención para administradores de escuela. Al final, vino un señor y se detuvo cerca, junto a otras personas. Después que todo el mundo habló y el grupo se había dispersado, alli estaba él. Me miró y dijo: "Hola, yo soy un **S**, y quise esperar que los demás terminaran para poder hablar con usted". Pensé: "¡Qué cosa! Qué corteses y educados son los **S**. Este señor había esperado a que varias personas hablaran conmigo. No quiso ser rudo con ninguno, aunque había llegado antes que muchos de ellos.

Me dijo: "Sólo quería venir a decirle cuánto me ha ayudado esta información. Cuando mi esposa y yo nos casamos hace ya varios años, no entendíamos nada sobre los tipos de personalidad. Nuestro matrimonio fue un desastre. Los dos sufrimos cantidades porque peleábamos constantemente. Más tarde descubrimos por qué. Nos dimos cuenta que mi esposa era un **D** y que yo era un **S** lo cual originaba ciertos problemas. Ella quería que yo tuviera el control de nuestros asuntos, pero yo estaba más en la disposición de que lo hiciera ella. Sentía como si ella tratara de atropellarme todo el tiempo y nunca quise retarla. Cuanto más queria ella que yo mandara, más me replegaba. A su vez, cuando yo trataba de dirigir nuestros asuntos, sentía que ella se resistía, así que desistía. Después de un tiempo, nuestro matrimonio terminó en divorcio. Sencillamente, en ese momento, no entendíamos los diferentes tipos de personalidad".

Continuó diciendo: "Después de dos años separados, acordamos ir juntos a un consejero matrimonial. Ninguno de los dos nos habíamos vuelto a casar, y queríamos ver si nuestro matrimonio podía funcionar. El consejero nos dio un análisis del estilo de personalidad, y nos explicó el porqué de nuestras formas de ser, de sentir y de pensar. Nos dio información y orientación en cómo ajustar nuestras personalidades para poder tener una relación armoniosa. Nos volvimos a casar y ahora somos más felices que nunca. Solamente quería comentárselo".

Me acerqué y lo abracé. Emocionado, le dije: "Ustedes, los tipos S, tienen las mejores anécdotas. ¡Pero son tan callados que por lo general no se las cuentan a nadie!" Su historia ilustra cuán importante es comprenderse a sí mismo y a su pareja en la relación matrimonial.

A los tipos S les gusta el **statu quo**, es decir, mantener las cosas como están. Como mencioné antes, la razón de esto es que disfrutan de las situaciones en las que encuentran estabilidad. Una palabra con S que no les gusta es "¡sorpresa!" Se sienten más cómodos con lo conocido y esperado que con lo desconocido y lo inesperado. Si las cosas perrnanecen igual, día tras día, se sienten cómodos porque saben lo que les espera. Con frecuencia van al trabajo por el mismo camino, comen en los mismos restaurantes, piden el mismo tipo de comida, van a la película que ya han visto dos veces, y visitan el mismo lugar de vacaciones cada año. Podría esto resultar aburrido para algunos, pero a un tipo "S" le produce menos *eStrés* (¡otra palabra que no les gusta!).

El tipo S es muy **sentimental**. Saben lo que les gusta. Tienen películas, recuerdos y estados de ánimo favoritos. Les gusta revivir el pasado con frecuencia. Les molesta cuando se cambian los lugares en que vivieron de niños. Les gusta que las cosas permanezcan siempre igual. Conservan sus viejos anuarios, notas de amor, poemas, y otros recuerdos.

Finalmente, el tipo S puede (lamentablemente) ser a menudo un poco tonto. Ciertamente esto no es porque Sean tontos. No tiene nada que ver con su *cabeza*, pero sí con su *corazón* porque tienen la tendencia a pensar con él. A menudo se ven forzados a hacer cosas que no quieren hacer, a comprar cosas que no necesitan o a ir a lugares que no quieren ir. Todo esto lo hacen por complacer. Pueden convertirse en grandes "posibilitadores".

(Este término se refiere a alguien que contribuye con su actitud a que una persona enferma, por ejemplo un alcohólico, siga enfermo. Los posibilitadores ocultan la verdad para "proteger" al amigo enfermo, en vez de "elevar su **D** y decirles: "Mira, lo que tu necesitas es ayuda - no más alcohol. Te voy a llevar a un grupo de apoyo para alcohólicos, o al hospital". Esto es casi imposible para un tipo **S**. ¡Pero, por medio del Espíritu Santo pueden lograrlo!)

He observado a padres tipo **S** permitirles a sus hijos que los atropellen. A la larga, eso no les hace bien ni a los padres, ni a los hijos. Los padres tipo **S** no comprenden por qué los niños no responden de la manera que ellos responderían. Es porque son diferentes. ¡Por eso es tan importante comprender estos tipos de personalidad! Los niños tipo **S** nunca van a responder como los niños tipos **D**, **I**, o **C**. Le corresponde a los padres tipo **S** ponerlos bajo su control y funcionar en armonía con sus hijos; no deben permitir que el niño se convierta en el padre, y el padre en el hijo.

Recientemente brindé consejos a una familia en que el padre era un **I**, la madre era una **S** y la hija adolescente de tipo **D** muy alto. ¡Ella era la que llevaba la casa! En la práctica, los padres se habían convertido en los hijos, y ella en los padres. ¡Qué cosa más terrible y más difícil para un niño, y qué situación tan imposible para una adolescente! Sin embargo, se produce en miles de hogares.

Un ejemplo que resume varias de las características aquí mencionadas es el de una señora puertorriqueña, Ada López. Le contó a un grupo que profundizaba en estos temas de la personalidad, que se había comprometido a cuidar en su casa a la nietecita de unos amigos muy queridos, pero pronto comenzaron las dificultades. Una fue que la madre no llegaba a recoger a su hija a la hora fijada, lo cual trastornaba la vida en familia de Ada. Otra dificultad fue que llegado un día de pago, la madre le pidió a Ada si podría postergarle el pago... Aunque le costaría ciertos ajustes, Ada estaba dispuesta a cooperar.

Pero en las semanas subsiguientes, la madre continuaba llegando tarde y no hacía mención del pago que debía. Ada evitaba la confrontación y no hallaba cómo sacar estos temas, cómo reclamar lo justo sin sentirse totalmente incómoda. Quería que funcionara el arreglo para complacer a todos manteniendo el statu quo. No se animó a cortar la relation hasta que la situación llegó a amenazar la estabilidad de su hogar.

Si usted es un **S**, seguramente puede identificarse con la dificultad de Ada: sacar el tema sería para ella, una especie de confrontación, que le resultaba muy incómoda. Es posible que otros tipos de personalidad también hubieran dejado pasar el momento, pero sería por otros motivos: por no aparentar que le hiciera falta el dinero - **D**; por no "quedar mal" - **I**; o sencillamente porque le pareciera justo - **C**. Lo importante es que Ada sepa que puede adaptar su estilo, es decir salirse de su "zona de confort" cuando las circunstancias lo requieran. (Ver Capítulo 15.)

Este material es valioso para todos los tipos de personalidad, pero quizás ninguno se ha de beneficiar más que los tipos **S** cuando despiertan a la realidad de las cosas. Después que esto sucede, están en una mejor posición para ayudarse a sí mismos y no dejar que los demás se aprovechen de su bondad.

Porcentaje de la población

Las investigaciones parecen indicar que cerca de un 30 -35% de la población en general tiene este tipo de perfil. Esto es de esperarse, si se considera que es el segmento que más necesita nuestra sociedad, por las diferentes actividades que este tipo de personalidad realiza. Se supone que cualquier cultura que funciona básicamente como *industria de servicio* tenga muchas personas que han desarrollado estas habilidades. (¡De nuevo, Dios fue misericordioso al darnos tantos tipos de personalidad **S**!)

Ejemplo bíblico

Nuestro ejemplo bíblico del tipo de personalidad **S** es el Apóstol Juan (¡Este es el Juan que escribió el Evangelio de Juan, no se confunda con Juan el Bautista!) El Apóstol Juan fue el apóstol tranquilo, modesto, a quién Jesús amó. Usted nunca encontrará un incidente en el Evangelio de Juan en donde él mencione su propio nombre. Siempre se refería a si mismo como "el otro discípulo". Siempre adoptaba una posición humilde, detras de Jesús y de los otros discípulos, debido a que estaba muy interesado en que fuera Jesús quién recibiera toda la gloria, honor y reconocimiento.

No se conoce mucho acerca de Juan, probablemente porque así lo quiso. Escribió tres cartas cortas al final de la Biblia (I, II, III Juan), y Apocalipsis. Es interesante observar que Apocalipsis expone el gran impacto de la gloria de Dios. Seguramente, Juan fue escogido para revelar esta información debido a su propia genuina humildad, al desear que sólo Cristo fuera venerado, y que fuera Dios quien recibiera toda la gloria.

Es también interesante observar que Juan fue el único discípulo que no murió como mártir. El fue enviado al exilio a la isla de Patmos por el resto de su vida. No puedo probarlo, pero apuesto a que el Emperador Romano que lo desterró dijo: "No creo en lo que sostiene, pero no voy a matarlo... es tan bueno... ¡Vamos a desterrarlo a algún lugar!" Como afirma el refrán: "A mucho amor, mucho perdón".

Es bueno también notar que, aunque se ha criticado al Apóstol Pedro por públicamente negar a Jesús, Juan fue igualmente culpable. Si usted lee Juan 18 cuidadosamente, notará que Juan estaba parado justamente al lado de Pedro, muy *tranquilo*. Pedro negó a Jesús verbalmente; Juan lo negó con su silencio. Ambos poseían estilos de personalidad orientados hacia las personas y cedieron bajo la presión de las circunstancias.

Cuando Jesús lavó los pies de los discípulos, ciertamente les estaba mostrando características de un servidor. La mayoría de nosotros consideraría lavar los pies de alguien la mayor de las bajezas. Aunque ésta era una costumbre en el Medio Oriente, se ha convertido en parte de una ceremonia religiosa que todavía se usa en algunas iglesias. Es un acto de humildad personal para demostrar que usted está dispuesto a velar por las necesidades de los demás. Si el Hijo de Dios estuvo dispuesto a "rebajarse" para ayudar a otros, ¿cómo no tener su misma actitud? Esto resulta fácil de hacer para una personalidad similar. En otras palabras, un individuo **S** está más inclinado a este tipo de servicio. Los **I** puede que la disfruten, porque los hace sentirse bien, o quedar bien. A los tipos de personalidad **D** o **C** les va a ser un poco más difícil, porque ellos están orientados hacia la "tarea", más que hacia las "personas".

De nuevo debo aclarar, no es que un tipo de personalidad esté calificado para "servir" y otro no. Es sencillamente más fácil para ciertos tipos seguir ciertos modelos. A la vez, es más difícil para los **S** hacer otras actividades, como dirigir u organizar. En realidad, podría ser mayor "sacrificio" para estos tipos de personalidad moverse fuera de su propia "zona de confort" en servicio a Dios y al hombre, que permanecer en sus cómodas limitaciones que ellos mismos se imponen, realizando un servicio que "surja naturalmente" de su tipo. Sin tener en cuenta nuestro perfil, debemos estar en disposición de someternos a las necesidades de los demás con el fin de ayudarlos.

Ilustración personal

Mi tercera hija, Elizabet tiene una personalidad tipo **S**. Un día vino de la escuela, cuando estaba en cuarto grado y me dijo "Papi, hoy un niño me pidió que sea su novia." Para un adulto, es tonto estar de novios en el cuarto grado pero no para él que está en el cuarto grado. Así que le pregunté: "¿Qué le dijiste?" Ella contestó "Bueno, le dije que sí". Le pregunté entonces, "¿A ti te gusta?" Y me dijo: "No". "Entonces, ¿por qué aceptaste ser su novia?", le pregunté. Y me dijo: "No quería herir sus sentimientos".

Vi entonces mi oportunidad, y le dije: "Elizabet, ¿tú recuerdas cuando hicimos el análisis de tu estilo de personalidad? -**S**: **suave**, e**Stable**, **sumisa**, **solícita**, **sensible** - ¿lo recuerdas?" Con sus grandes ojos, me miró y dijo: "Sí, ..." Le dije: "De eso se trata; tú no puedes vivir tratando de complacer a la gente. Tienes que tratar de complacer a Dios". Le pedí que regresara a la escuela al día siguiente, y le dijera a ese niñito que ella lo aceptaba, que él era una bella persona pero que ella no quería ser más su novia.

Cuando regresó dela escuela, me contó lo que había hecho. Le pregunté: "¿Y qué dijo él?" Ella me informó "Me miró y dijo: '¡Está bien!' y se fue a jugar". (Pensé: "¡¡Y *ella* que estaba preocupada porlos sentimientos de *él*!'?") La abracé y le dije:"Elizabet, tu siempre tienes la tendencia a ser una persona que trata de agradar a los demás. No dejes que los demás te atropellen".

Es sorprendente, porque hasta el día de hoy ella me dice: "Papi, son incontables las veces en que he podido decir que "no" porque sabía que no estaba correcto lo que me proponían. Quería hacerlo para agradar a alguien, pero fui siempre capaz de sobreponerme porque me conocía". Después que usted comienza a comprenderse a sí mismo, puede comenzar a dejar que Dios lo controle y le dé su gran sabiduría.

Una noche, después de cuidar a unos niños, Elizabet me contó que había pasado algo fuera de lo común: "Papi, cuando le dije a los niños que se acostaran a dormir, no me obedecieron. Creo que adivinaron que yo era una S y quisieron aprovecharse de mí". (A propósito, eso es realmente verdad. Nadie puede "interpretarlo" a uno tan bien como los niños pequeños. Rápidamente descubren hasta donde pueden presionar.) Elizabet continuó: "Pensé: 'No puedo perder el control de esta situación.' Creo que útilicé lo que me enseñaste sobre la personalidad. Mire a los niños, y *disminuí* mi S y *aumenté* mi D y les dije: 'Sus padres me dejaron a cargo de ustedes, y me pidieron que los acostara sin falta a las nueve de la noche. Si no se acuestan ahora mismo, les voy a decir que ustedes no obedecieron sus órdenes, y se van a meter en un gran lío!" Elizabet dijo que la miraron y dijeron:"Está bien, ya nos vamos a acostar". ¡Y lo hicieron! Entonces, me dijo: "¿Sabes algo, papi? Eso fue difícil para mi... pero funcionó". Le di un abrazo y le dije: "Hay muchos adultos que no hubieran sabido cómo manejar esa situación. ¡Estoy muy orgulloso de ti!"

Comprendí cuanto valor tenía esa información para Elizabet, y lo bien que la había útilizado en la práctica. Disminuyó su S (no quería pasar por tonta) y aumentó su D (tenía que ser dominante en esa situación), y tomó las riendas de la situatión de una manera cariñosa. También pensé en los miles de jóvenes (especialmente del tipo S) que se dejan atropellar por otros, simplemente porque no saben cómo manejar situaciones cotidianas que implican presión. Les aseguro que después de que ustedes entiendan esta información, se la enseñen a sus hijos, y éstos comiencen a utilizarla, verán resultados duraderos en sus vidas.

Necesidad básica

La necesidad básica del tipo de personalidad S es el aprecio; anhelan sentirse necesitados. Los tipos S disfrutan siendo útiles, necesitados y apreciados. Son como los bebés de meses que sonríen y gorjean cuando se les rasca suavemente la barriguita. ¡Se sienten tan amados y apreciados! Los tipos S ronronean cuando se les acaricia, igual que los gatos.

A propósito, es interesante observar cómo los tipos de personalidad escuchan las mismas palabras de manera diferente. Si usted le dice a un tipo S: "Te aprecio", ellos le responden con una sonrisa y le dan las gracias. Díganle a un D cuánto lo aprecian y rápidamente le respondera: "¡Más te vale! Con todo lo que hago por ti. ¡Hay mucha gente que estaría agradecido de tener a alguien como yo a su alcance!" Los I le van a responder: "Bueno, ¿y qué? ¿Qué gano con eso? ¿Hay algún tipo de premio que se da por el aprecio?" Los C van a preguntarse: "¿Por qué me están diciendo esto? ¿Me están manipulando? ¿Estará éste tratando de sacarme algo?" Insisto, todos oyen las mismas palabras, pero cada uno las interpreta de modo diferente. Eso ocurre porque las personas son diferentes.

Fortalezas

Los tipos S son tranquilos. Les gusta que la vida sea como un lago sereno, no como un océano turbulento. "¡Tampoco les gusta causar problemas; Les gusta que la vida transcurra serena, a un ritmo estable. Recuerde, que tanto los S como los I están orientados hacia las personas. Ambos tienen un radar interior para detectar las necesidades, los sentimientos y los deseos de otras personas. El **I** es extrovertido; el **S** es de naturaleza más reservada.

Se puede contar con los **S**. Aman la rutina porque los hace sentirse cómodos. No les gustan las sorpresas. Prefieren los métodos establecidos, los que ya ban sido tratados y probados. Por eso son confiables, por su fuerte afinidad por lo familiar. Después que han repetido una tarea varias veces, ésta forma parte de su naturaleza y se sienten muy incómodos cuando las cosas se apartan de lo "conocido", o si amenazan con cambiar.

Aunque los **S** son reservados, pueden ser buenos líderes. Ellos dirigen como lo hace un instructor, no como un dictador. Si dirigen una compañia, no sólo le *dicen* a los empleados lo que tienen que hacer, sino que también están en la disposición de *mostrárselo*. Se sienten como si fueran los padres de sus empleados, y de todas las personas que conocen. Los tipos **S** tienen un deseo interior de rescatar a las personas de sus problemas lo cual es digno de elogio; sin embargo, ellos deben ser cuidadosos con ese gran corazón. A veces se convierten en "presas fáciles" de quiénes quieren aprovecharse de los demás. Esto no les molesta a los **S**, sienten que las cosas se van a nivelar a la larga... y probablemente tengan razón.

Un **S** es muy ordenado y eficiente; prefiere que las cosas se desarrollen sin tropiezos. Uno de sus lemas es: "En la unidad está la fuerza". Puede que no siempre logren su objetivo, pero se esfuerzan por alcanzarlo en colaboración con los demás. Es un sentimiento que siempre los acompaña.

Los **S** son muy prácticos. Buscan la solución más simple. Cuando colorean un cuadro, consideran que es importante mantenerse dentro de la línea. Insisto, su norma es los métodos ya tratados y probados. Para ellos no es imposible irrumpir en territorio desconocido y hacer cosas que nunca han hecho, pero les resulta extremadamente incómodo.

Naturalmente, es de esperarse que el **S** sea conservador porque les gusta apegarse a las cosas que ellos saben que funcionan. Su vestir, sus ademanes, su religión, su partido político, sus inversiones de negocio los realiza de forma conservadora.

Esta es una de las razónes por la cual es tan importante comprender los diferentes tipos de personalidad. Cualquier que aspire a un cargo público, que predique o hable, que se dedique a las ventas - y sobre todo, cualquiera que eduque a un niño - debe recordar que cualquier asunto tiene, por los meno cuatro puntos de vista. Si usted presenta solamente su propio punto de vista, va a tener apenas una probabilidad de un 10 a un 35% de llegar a su público, de acuerdo con el porcentaje de la población que también ve las cosas como usted. Sin embargo, s trata de cubrir el asunto con los cuatro puntos de vista en mente (o sea, tratando de responder a las diferentes necesidade básicas de cada tipo **DISC**), puede aumentar notablemente su nivel de productividad, de comunicación y de comprensión.

El **S** es diplomático con los demás. Debido a que son tan flexibles, es agradable estar con ellos. Ellos pueden ver las cosas desde el punto de vista de cualquier otro estilo. Son capaces de variar o ajustar su criterio de un asunto determinado, cuando escuchan las opiniones que tienen los demás. Recuerdo ahora un chiste que ilustra esta habilidad del **S**.

Un señor, bien pasado de peso, está sentado en un parque viendo jugar a unos niños. Un transeúnte, que a la sazón pasaba por ahí, sorprendido ante el peso del señor, se le acerca y le dice:

Los **S** pueden ser tremendamente graciosos. Su sentido del humor reservado, mordaz los ayuda a ver el lado más ligero de la vida. Son curiosos, quieren saber lo que está sucediendo y quien lo hace y qué se hace, manteniéndose al tanto de todas las noticias actuales sobre los demás. A menudo conocen todas las últimas modas. Como les gusta agradar, tratan de mantenerse al tanto de lo que está en boga. Aunque los tipos **S** prefieren permanecer en un segundo plano, siempre se siente la presencia de ellos.

Debilidades

Como con los restantes tipos de personalidad, las debilidades de los **S** son simplemente fortalezas llevadas hasta el extremo del abuso. La mayoría del tiempo operamos sobre la base de nuestras fortalezas. Funcionamos dentro de nuestra "zona de confort" cuando nos conducimos de acuerdo con nuestros propios sentimientos y nuestra personalidad. Por ejemplo, los **S** se sienten más comodos cuando se comportan como individuos **suaves, estables, serenos, sentimentales, sumisos,** que siguen el **statu quo** establecido. Cuando su ambiente o circunstancias cambian, sienten que están en "territorio hostil". Repentinamente, pueden sentir que la gente se está aprovechando de ellos. Este es el momento más propicio para que se manifiesten sus debilidades. Es precisamente en ese momento, como sucede con todos los demás tipos de personalidad, que uno debe tratar de mantenerse bajo control y no hacerse susceptible alas tendencias naturales de las fuertes debilidades de la personalidad.

Los **S** pueden ser muy tacaños. Les gusta su propio espacio. Cuando alguien de repente invade sus territorios, pueden sentir que pierden terreno. No es tanto que no quieran compartir sus posesiones con los demás, sino que no quieren perder la estabilidad de saber dónde estan sus límites. Quieren saber lo que les pertenece y lo que no. En otras palabras, temen perder su **seguridad**.

Los tipos **S**, quizás mas que los demás tipos de personalidad, pueden a veces ser muy temerosos. No les gustan para nada las situaciones desconocidas. Prefieren procedimientos probados, las situaciones confiables y predecibles. Es decir, quieren conocer el resultado antes de comenzar. Cuando las cosas se alejan de lo "familiar", se vuelven incómodas para ellos. No les gusta la actitud de los **D** o de los **I** altos de actuar o tomar decisiones por intuición o impulso.

Los **S** pueden ser muy indecisos. Cuando usted les

pregunta, a menudo dan dos o tres respuestas porque no les gusta equivocarse, y también evitan el desacuerdo. Tratan de darle *la respuesta que usted quiere*. Cuando les pregunta: "¿A qué restaurante te gustaría ir a comer?", probablemente le responderán: "No importa, el que prefieras, está bien". Recuerde que, al igual que el "I", este tipo es "complaciente". No es tanto que les sea difícil decidirse; es más bien que ellos tratan de adivinar el interés que tenga usted para poder ellos responder más adecuadamente. Pero les puede ocurrir lo que el refrán advierte: "Quién al escoger mucho titubea, lo peor se lleva".

Cuando un tipo S (o cualquier otro tipo) esta comportandose de manera indecisa, tenga paciencia: "volvera en sí" en pocos minutos. Hagale algunas preguntas y demuestrele mucho amor - ¡todos tenemos nuestros momentos!

Otra razón por la que los tipos S parecen indecisos es su preferencia por decisiones que tienen resultados predecibles. Si ellos nos saben cómo su elección va a afectar a otras personas, puede que se "paralicen" y traten de posponer su decisión. No es porque ellos no *puedan* tomar una decisión - lo que les pasa es que no quieren herir o excluir a alguien.

Los tipos S parecen ser **eSpectadores**, y realmente lo que están tratando de hacer es prevenir los conflictos. A menudo no piden la palabra, ni tratan de "insistir" en que se les reconozcan sus méritos. Prefieren más bien ser parte de la actividad de un grupo, que estar solos como centro de la atención. Les gusta observar cómo los demás participan en actividades, pero si es posible, prefieren no pasar vergüenza en público. Además, como expresa el dicho "miran los toros desde el balcón"; al ser espectadores evitan el riesgo que pondría en peligro su seguridad.

Puede usted ahora darse cuenta cuán potencialmente devastador sería para un padre "tratar de criar a un hijo que es un D alto o un I alto. Si no se le impone controles, ese niño podría pronto convertirse en el padre, y éste adoptaría las características de un hijo. Desgasta a los padres tener que tratar constantemente con alguien que es más agresivo y extrovertido que ellos. El padre no debe considerar esta situación como una confrontación personal. Es sólo una diferencia en el estilo de personalidad. Cuando los adultos comprenden que su hijo no está tratando de ser rebelde, sino que sencillamente está dejando que su personalidad se manifieste, pueden orientarlo y guiarlo de modo que pueda superar su "prepotencia", y deje de ofender a los adultos. Los padres no deben ceder en momentos como éste; deben más bien tratar de ser cariñosos pero firmes, enseñándole al niño lo que está sucediendo. Después que han impartido esa información, el niño tendrá una mejor oportunidad de madurar de forma adecuada.

A menudo, los tipos **S** parecen **protegerse a sí mismos.** Temen ser humillados. Debido a que les resulta difícil decir "no", tratan de maniobrar las circunstancias cuidadosamente para protegerse de una manera que es pasiva por naturaleza, sin recurrir a la confrontación.

Una debilidad del **S** que puede manifestarse es la falta de motivación. Debido a que tienden a ser más reservados que los tipos **I**, y menos orientados hacia la tarea que los **C**, se quedan atrás y esperan que les digan qué hacer. Prefieren no hacer nada antes que hacerlo mal. Puede ser que se den por vencidos ante la frustración, si no pueden lograr el aprecio o si no son dirigidos de manera apropiada. Sin embargo, si se les da orientación, proceden según el refrán "no van lejos los de adelante si los de atrás corren bien". Es importante para ellos aprender el valor del riesgo y la importancia de motivarse a sí mismos a actuar. Después de todo, "el que no se arriesga, no gana".

De vez en cuando, me encuentro con una pareja que tiene un hijo con una personalidad tipo **S**. Casi siempre, los tipos **S** son más fáciles de criar que los demás. (Lo siento padres, pero no pueden encargar el tipo de personalidad que quieran para sus hijos; ¡vienen como vienen!) Cuando estos padres oyen a otras parejas hablar de las dificultades para criar a sus hijos, no se imaginan cómo son porque para ellos criar niños no es nada difícil. Aquí es cuando oro: "¡Querido Señor, por favor, permite que fallen sus métodos de control de la natalidad, y envíales trillizos '**D**'!" ¡Entonces, van a darse cuenta lo que es criar hijos!

Finalmente, los tipos **S** a veces parecen ser egoístas. No es tanto que ellos quieran salirse con la suya; lo que están tratando de hacer es de proteger sus propios intereses y estabilidad. Los otros tres tipos de personalidad (D, I, y C) saben que es importante cuidar de uno mismo, mientras que los tipos S tienden a ayudar a los demás antes que a sí mismos. Pero después que "se queman" unas cuantas veces, empiezan a darse cuenta cómo son las cosas y tratan de ser más cautelosos. Se valen de un enfoque muy moderado en la vida, asegurándose que los otros no puedan detectar que ellos están realmente protegiendo sus intereses. Por lo general, si no se cuidan a sí mismos, nadie más lo hará. De modo que aprenden que "hombre precavido vale por dos".

Los S son buenos ...

Los tipos S pueden ser excelentes diplomáticos. Tienen una habilidad natural para ver las cosas desde la perspectiva de los demás. Tienen una manera especial de "abrirle los ojos" a los otros, de crear un ambiente y relaciones armoniosas para todos los interesados. Su ternura los hace sentir que es verdaderamente posible la comprensión entre todas las personas, tan solo con dedicar tiempo a escuchar y a aprender de los demás.

Quizás la profesión mas común en la cual se pueden encontrar a los S es entre los maestros de escuela. Después de todo, ¡si en algún momento ha habido una "profesion generosa" esa ha sido la de maestro! Es común entre los maestros, levantarse temprano, asistir a reuniones, tener clases que preparar, tareas que revisar, llamadas telefónicas que hacer, más reuniones, pruebas que confeccionar, trabajo a deshora, y finalmente más reuniones. Deben estar bien equipados física y mentalmente para soportar ese estilo de vida. (Siempre he dicho que debe haber en el cielo un lugar especial para los maestros... ¡donde no se permita la entrada a los estudiantes!)

Los tipos S pueden ser excelentes técnicos, asi como

enfermeros. Son dedicados y confiables. Tratan de hacer todo lo que está a su alcance para ayudar y complacer a sus pacientes, y para hacerlos sentir lo más comodos posible. Son capaces de "ponerse en su lugar", mejor que cualquiera de los otros tipos de personalidad. Por esta razón lucen tan dulces ante los demás.

Una senorita colombiana que sabe acerca de los tipos de personalidad **DISC** contaba que su hermana, Marlene es una **S** con mayúscula. Marlene es una enfermera que ama y se preocupa por los enfermos que atiende, desvelándose por satisfacer sus necesidades, Sean éstas de variedad en la comida o artículos personales. También prestaba dinero a sus compañeras, aunque le hiciera falta a ella misma y donaba ropa para residentes de barrios necesitados. Para ella, lo principal en la vida es dar, aunque esto represente un sacrificio y posibles inconvenientes con su familia. ¡Cuán admirable es que alguien se interese tanto por los demás!

La familia de Marlene se alegró mucho cuando ella consiguió un puesto como gerente de una entidad promotora de salud, pero Marlene llegó a sentirse tan presionada con su nueva responsabilidad que renunció porque no podía decir "no" cuando alguna enfermera le pedía permiso para resolver asuntos personales o familiares. Temía los conflictos que su respuesta negativa le podría ocasionar.

¡Es una lástima! Si en vez de enfocarse en la dificultad del conflicto con sus subordinadas, ella se hubiera enfocado en el hecho de poder ayudar a un número mayor de enfermos, probablemente hubiera podido ser una magnífica supervisora. Los **S** dirigen con el ejemplo. Ella hubiera podido aportar su visión de servir con amor alas demás enfermeras. Con el nuevo objetivo, ella hubiera podido encontrar la valentía y firmeza para decirles a aquéllos que pedían abandonar el cuidado de los enfermos: "Lo siento mucho, pero no puedo permitir que resuelvas ese problema en tu horario de trabajo porque tus pacientes te necesitan. Trata de solucionarlo en otro momento".

Los **S** son buenos contadores o cajeros de banco. Disfrutan del estilo de vida rutinario, estable, que es propio de las instituciones bancarias. Los rituales díarios de abrir y cerrar puntualmente, de hablar con los clientes, y de manejar las mismas cuestiones cotidíanas - todo esto los atrae.

Finalmente, los **S** son excelentes secretarios. Están muy orientados hacia las personas, así que reciben muy bien al público. Como son algo reservados, son capaces al mismo tiempo de permanecer en sus puestos y trabajar. Personalmente, cuando yo quiero contratar a una secretaria, trato de encontrar una tipo **S** por dos razónes: En primer lugar, a los **S** les gusta terminar lo que empiezan. Realmente disfrutan el hecho de ver un proyecto finalizado. La segunda razón es porque una vez tuve una secretaria tipo **D** que cuándo le daba algo para hacer, ¡me lo corregía... y me lo *devolvía!* A veces me preguntaba: "¿Quién trabaja para quién?" A propósito, una vez tuve una secretaria tipo **C** que hacia un trabajo excelente, excelente... pero, siempre tenía que recordarle que tratara de ser amistosa y extrovertida. Tenía que recordarle que las personas no eran interrupciones - ¡las personas son el centro de nuestra atención!

Y para completar el cuento, déjeme contarle de mi única secretaria tipo **I**. Nunca pude seguirla. Cuando le daba trabajo para hacer, ella lo ponía en su escritorio, y se iba a "visitar" a los demás en la oficina. Era absolutamente fantástica con la gente, pero nunca lograba terminar su trabajo. Al finalizar cada día, tenía una conversación con ella sobre sus hábitos de trabajo. Recordándolo ahora, pude haberme evitado muchas horas de frustración (¡para no mencionar de tensión e ira!) si sólo hubiera comprendido de dónde procedía cada una de ellas. En esos años, no comprendía los tipos de personalidad, así que contrataba sobre la base de lo *que veía*, no de lo que realmente tenía delante de mí.

Debí haber entendido esto como director de una escuela. Los alumnos descubrían más acerca de las habilidades de un maestro en 10 minutos de clase, que yo, después de entrevistarlo durante 10 horas. Lo que cuenta no es lo que usted *ve*, ¡es lo que *realmente* esta ahí! El muchacho "promedio" a menudo pueden ver la verdad más rapido que los adultos "sofisticados".

Debo observar de nuevo que no estoy tratando de "encasillar" tipos de personalidad. Ciertos trabajos son más adecuados para algunos tipos de individuos que para otros - pero los tipos de personalidad y las habilidades no determinan si una persona es "buena" o "mala". Aunque digamos que una persona "no es la persona adecuada para el *trabajo*", realmente es el trabajo el que quizás no se ajuste para esa *persona*. Cualquier tipo de personalidad puede ser una gran secretaria, pero independiente del tipo, es necesario que comprendamos en qué consiste el trabajo y que seamos capaces de conocernos lo suficiente para tener éxito y sentirnos realizados.

Resumen

Para resumir una combinatión de actitudes positivas, típicas, del **S**, consideremos a Sammy Sosa, el gran jugador de béisbol dominicano, que en la temporada de 1998 se encontraba en competencia con Mark McGwire para batir el récord de 61 jonrones en una temporada, (establecido hacía 37 años).

A pesar de la conmoción en los medios de comunicación por ver quién batía el récord, Sosa se manifestaba sereno. En entrevistas decía no sentir presión alguna puesto que no se estaba esmerando por ganarle a nadie; que aunque le tocara a él batir el récord, siempre sería la misma persona. A la vez, Sosa expresaba su admiración por los magníficos resultados de su supuesto rival. En el momento en que McGwire conectó el jonrón 62, las cámaras también captaron la reacción de sincero júbilo de Sosa, capaz de sentir empatía por otro y de ponerse en su lugar.

En el homenaje que se le hiciera por tan brillante camera deportiva y por su hazaña como jonronero (llegando a 66 jonrones en la temporada), Sosa en primer lugar, agradeció a Dios por haberle dado las oportunidades que lo llevaron a ser quién es; agradeció a los aficionados de su equipo (los Cachorros de Chicago), a sus mentores, a sus compañeros, al pueblo latinoamericano, a su familia, y en particular a su madre, a quien le dedicó todos sus triunfos. Este reconocimiento a los demás es parte de la naturaleza suave, amable y humilde que surge naturalmente de un **S**.

La fidelidad de Sosa también se ha hecho evidente. Se crió con grandes necesidades económicas y jugaba a la pelota improvisando los artículos deportivos necesarios: usaba un envase de cartón para la leche como guante; la rama de un árbol como bate; y tapas de frascos como pelotas. A pesar del éxito que ha tenido - por sus excelentes condiciones físicas para el bateo y su tesón- no ha olvidado a su ciudad natal, a su pueblo y a los niños de su país, a quienes siempre ha ayudado y con los cuales ha compartido la recompensa económica de sus triunfos.

Los tipos de personalidad **S** son individuos **dulces**. Cuando usted los trata, se da cuenta que son un deleite en comparación con los demás. ¿Quie no se sentiría atraído per personas que se esmeran por ayudarle? Los tipos **S** son más felices cuando *usted* es feliz. Son precisamente ellos quiénes cogen "el hueso duro de roer", pero a ellos no les importa. Sencillamente no quieren que nadie más sufra.

Es importante que los **D** los **I** y los **C** se den cuenta que es fácil aprovecharse de los tipos **S**. Todos debemos poner de nuestra parte para apoyarlos. También, es importante que los **S** no permitan que abusen de ellos. Si usted es un tipo **S** en una situación de abuso, por favor busque ayuda. Nadie debe abusar de usted. También evite la trampa de ser un posibilitador, ayudando a los que están enfermos (como a los alcohólicos) a prolongar la dependencia como consecuencia de su "ayuda". Casi siempre, cuando las personas están enfermas, encuentran a alguien que sea compasivo con ellos y como su ternura y apoyo los hacen sentir bien, reclaman más. Muy pronto, comienza un círculo vicioso, cuesta abajo: la enfermedad, el refuerzo (los **S** ofreciendo ayuda), la falta de deseos de sanar pues estando enfermo se recibe más cariño y atención, más refuerzo cuando se da más ayuda y se muestra más preocupación; más enfermedad, más cuidados y atención, y como resultado, ¡los dos se enferman! Con ayuda y consejería apropiada, puede romperse el círculo vicioso.

Los tipos **S** son nuestro aliento y refugio en la vida cuando necesitamos apoyo y protección. Sin ellos, todos seríamos menos felices.

Dr. Robert A. Rohm

El tipo de personalidad C

El tipo de personalidad **C** es *reservado y orientado hacia la tarea*. Recuerde dónde se encuentra este tipo en nuestro modelo de la conducta humana (área sombreada que se identifica con el signo de interrogación).

Los tipos **C** son individuos **competentes**. Son *conscientes* de que ellos **saben** porque han verificado sus conocimientos con anterioridad. Investigan los hechos y los siguen cuidadosamente; se trazan un plan de acción y lo cumplen. Su lema pudiera ser: "Planifica tu trabajo... y trabaja de acuerdo con tu plan".

Los **C** son verdaderamente **cautelosos**. Miran muy bien antes de lanzarse. En la práctica del tiro su voz de mando podría ser: " ¡Listos... apunten... apunten... apunten!" Aunque por fin disparan, detestan cometer errores. Como dice el refrán: "miden dos veces, y cortan una sola" porque "hombre precavido vale por dos".

Los **C** son **cuidadosos**, ¡hasta el punto de querer corregir las fotocopias! Bueno, en realidad no son tan exagerados, pero realmente les gusta asegurarse de que las cosas se hagan con sumo cuidado.

Los tipos **C** son **calculadores**. Debido a que están orientados hacia la tarea, tienden a pensar en términos del resultado final. Van a ser los primeros en explicarle economía básica: "si tienes más salidas que entradas, a la quiebra te destinas".

A los **C** se les conoce por su habilidad para usar su **pensamiento crítico**. Pueden analizar una situación quizás mejor que cualquiera de los otros tipos. Tienen una habilidad increíble para comprender lo que está sucediendo "por detrás del telón". En una ocasión me estaba involucrando en un negocio, y una persona tipo **C** me aconsejó que no lo hiciera. Intuyó algo extraño en el socio general del grupo. ¿Le presté atención a esa persona? ¿Le hice caso? No, pero debí haberlo hecho pues tenía razón. Fue una equivocación costosa y aprendí una lección.

Los **C** exigen **conformidad**. *Ellos* siguen las instrucciones y no comprenden por qué los *demás* no lo hacen también... por qué no hacen lo que se supone que hagan. Un **C** bien acentuado dio origen a la frase: "cuando le fallen todos los otros medios, ¡siga las instruccionses!"

El tipo **C** no es prepotente y no necesita ser el líder el grupo. Está dispuesto a seguirlo que hacen los demás y divertirse ¡con tal de que la estén pasando *bien* y no estén corriendo *peligros!* Disfrutan de la compañía de los extrovertidos porque les gusta cómo los **D** y los **I** se mofan de ellos mismos, pero no les pida a ellos que lo hagan. No les preocupa si no se les reconoce todo el mérito de un buen trabajo que hayan hecho, pero no trate tampoco de echarles toda la culpa.

Los "**C**" son extremadamente **concienzudos**. Pueden seguir el curso de un proyecto mucho después que otros se han dado por vencidos. Les gusta resolver rompecabezas o crucigramas para ver cómo las cosas van ocupando su lugar paso a paso. Tienen poco tiempo para "estar bromeando"; para ellos casi todo en la vida hay que tomarlo en serio.

A los **C** les encantan los detalles. A los **S** también les encantan aquéllos relacionados con las personas, pero nadie disfruta tanto enterándose de los detalles más mínimos de todas las cosas como el **C** alto. Tengo un amigo que estaba en su casa un sábado cuando su esposa, una **C** alto, le dijo que iba de compras a las tiendas. El decidió tomarle el pelo haciendo una lista precisa de todo lo que ocurriera en su ausencia, porque sabía que cuando regresara, le iba a preguntar qué había sucedido. Estaba entusiasmado con la perspectiva de su broma.

Anotó minuciosamente todo lo ocurrido: la hora y una sinopsis de lo ocurrido en cada uno de los programas de la televisión que ella acostumbraba ver; precisó también la llamada telefónica de su hermano a las dos y cuarentaicinco con el mensaje siguiente: "Quería decirte que te vería en unas semanas en la reunión familiar". De esta manera, escribió todo lo que sucedió esa tarde. Finalmente, cerca de las seis, su esposa entró a la casa y preguntó (tal como él esperaba): "¿Qué sucedió en mi ausencia?" ¡Ella había caído en su trampa!

El comenzó a leer su lista: "A la una de la tarde.. ." Me contó que le llevó unos 10 minutos leer despacio y con cuidado su cronología de hechos, con temor de levantar la vista, porque sabía que empezaría a reírse. Cuando terminó, miró a su esposa y vio que le corrían lágrimas por sus mejillas. Lo miró y le dijo: "¡Tu sí me quieres!" Más que ofendida por lo que él habia hecho, ella estaba emocionada. Comprobar cómo había tenido cuidado en anotar y darle los detalles de lo que había ocurrido en el día, era su "lenguaje de amor".

A los **C** les gusta tener razón o estar en lo cierto, pero no porque ellos piensen que son mejores que los demás. Sencillamente disfrutan cuando hacen las cosas bien: para ellos vale la pena hacer un trabajo solamente cuando se hace bien porque sienten que en él reflejan lo que ellos son; por lo tanto, deben hacerlo con corrección. Se guían por lo que dice el refrán: "La obra bien hecha a su autor recomienda". Puede uno confiar en que el tipo **C**, la mayoría de las veces, tendrá razón en casi cualquier tema.

Un señor puertorriqueño, Víctor Rivera, contó en un grupo que a él le gusta hacer las cosas bien hechas. Trabaja para una compañía que vende sistemas de comunicación medíante satélites. Confecciona díagramas detallando los componentes del sistema para que los clientes sepan cómo usarlos. Rivera se preocupa, no sólo por la corrección de la información, también se esmera por crear una presentación clara, sin errores, tratando, al mismo tiempo de que todos los accesorios - hasta los alambres - estén identificados con nitidez y ordenados sistemáticamente de izquierda a derecha, con rótulos perfectamente centrados. ¿Por qué se esmera en hacerlo tan bien? En resumidas cuentas, porque los dibujos son producto de su trabajo y un reflejo de quién es él. Sus dibujos llevan su nombre, se usan en todo el mundo, pero, en realidad, él dice que no le preocupa si se llega o no a saber su nombre. De cualquier modo, él siempre se esfuerza para que queden lo mejor posible.

Hablando de corrección, ahora recuerdo cuando por primera vez hice un crucero. Estaba hablando con el capitán y le pregunté cuál era la longitud del "bote". Me miró y me preguntó con incredulidad: "¿Del *bote*?" Le respondí: "Sí, ¿cuál es la longitud de este bote?" Indignado, me replicó: "Un bote es en donde usted pesca - ¡esto es un *buque*!" Me di cuenta que había llamado a su amado navío con un nombre incorrecto. Por supuesto, de ahora en adelante, cada vez que estoy en un barco de pasajeros, me refiero a él como un "buque", no como un "bote". Estas son simples ilustraciones, pero evidencian cómo las palabras que a veces no tienen mucha importancia para uno pueden ser muy importantes (en el mejor de los casos), o hasta ofensivas (en el peor) para otros individuos.

Los **C** tienden a ser **conformistas**, sobre todo cuando se trata de seguir con lo ya tratado y probado. Sin embargo, si piensan que pueden mejorar una situación harán todo lo que esté a su alcance para hacerlo. Ellos buscan formas de usar la información que ya poseemos para mejorarla.

A los tipos **C** les gusta mantener las cosas bajo su control. De esa manera, saben lo que está sucediendo y se aseguran de cumplir lo planeado. Una noche, cuando mi esposa estaba en la cocina preparando el almuerzo que las niñas acostumbran llevar a la escuela, me acerqué para agarrar unas papas fritas y me dijo que no me sirviera ¡ninguna! Pensé: "un momento... ¡yo las pagué! ¿Cómo que no puedo comerme ni una?" Me dijo que si yo quería papitas, con gusto me las compraba en otra ocasión, pero que éstas ya las tenía destinadas para el almuerzo de la niñas. Pensé que era ridículo, ¡no me las quería comer todas! Salí de la cocina murmurando: "¡qué tacaña que eres!"

Bien, el tiempo pasó y, a medida que nos ocupábamos más todos, me ofrecí para hacer el almuerzo de las niñas. Una noche, mientras hacia los bocadillos y ponía las galletas y las papas fritas en bolsitas, Raquel y Ester llegaron a la cocina y comenzaron a hablarme... mientras picaban las papas fritas. Al observar que la bolsa comenzaba a reducirse, les dije: "Un momento ¡ustedes no pueden comerse esas papas! No me van a alcanzar para sus almuerzos". Me dijeron: ¿"Papi... no podemos comernos ni unas pocas papitas?" Les contesté "El asunto es que si se las comen, no las tendré para incluir en sus almuerzos". Me miraron, pusieron el puñado de papitas de vuelta en la bolsa y se fueron murmurando: "¡qué tacaño que eres!"

De inmedíato, pensé: "¡Eh, yo ya he visto esta película!" Se me prendió el foco, "oh, ¡asi que era el almuerzo de las niñas lo que ella quería asegurar!" Fuí a mi esposa a decirle lo sucedido... y a disculparme por no haberla "oído" antes.

Yo "aumenté mi **C** mucho cuando preparé este libro. Tuve que planear, preparar, y fijar metas a corto plazo para terminarlo. Cuando uno se concentra en los rasgos **C**, puede imaginar formas mejores de hacer casi cualquier cosa. Había leído, estudíado y oído mucho sobre los diferentes tipos de personalidad, pero no de una forma que pudiera comprenderlos, por eso adapté el material, añadí investigaciones e indagaciones personales, las reorganicé y probe un nuevo método.

Los **C** son personas **convencidas**. Aman ser precisos: ellos saben lo que significa "prepararse con anticipación". Si están seguros de tener la razón, no hay manera de hacerlos cambiar. Puede que uno crea posible persuadirlos con otros argumentos, pero no trate de imponerles su criterio porque como dice el refrán: "Al que lo convencen en contra de su voluntad, su opinión mantiene". Eso realmente se aplica a los **C**.

Finalmente, los **C** son muy consistentes. Son puntuales: uno puede guiarse por ellos, como si fueran un reloj. Por lo general, se puede dar por cierto lo que dicen. Casi nunca se equivocan en los detalles de un cuento y, al igual que los **S** les encanta hacer las cosas de la misma forma. ¿Por qué cambiar un método, si ya en una ocasión lo probaron y funcionó? Se sienten mejor con la repetición, a diferencia del **D** o el **I** que constantemente están introduciendo cambios en sus vidas. Para éstos "la variedad es la sal de la vida"; para los **C**, la variedad puede ser peligrosa; es mejor apegarse a lo que ya se conoce, estar a salvo y ser consistente. A propósito, los **C** con frecuencia son buenos padres porque son consistentes y consecuentes con sus hijos. Puede ocurrir que los chicos no siempre estén de acuerdo, pero ¡siempre saben cual es la opinion o postura de sus padres!

Porcentaje de la población

Las investigaciones parecen indicar que alrededor de un 20 - 25% de la población general tiene un perfil **C** alto. Esto corresponde con el número de médicos, abogados, profesores e inventores que tenemos en nuestra sociedad. Los tipos **C** son muy inteligentes; pueden hacer casi todo lo que se proponen. No son la mayoría de la población, pero son lo suficientemente numerosos como para hacernos saber que existen y que están en disposición de ayudar. Además, los tipos **C** con frecuencia han resuelto cómo tener un buen ingreso.

Ejemplo bíblico

Un ejemplo bíblico del perfil **C** alto se encuentra también entre los doce discípulos, en Tomás. Como se recuerda, cuando Jesús resucitó de entre los muertos, los apóstoles le dijeron: "Tomás, hemos visto al Señor". Tomás replicó: "¡Si, claro - los muertos se levantan todos los días!" (¡Me he tomado algunas libertades con el texto griego...! Pero, básicamente, esa fue la respuesta de Tomás.) ¿Se parece su respuesta a las palabras que diría una persona que siguió a Jesús fielmente durante tres años y medio, o parecen ser las palabras de un ateo? "No creo que Jesús haya resucitado de su tumba. ¡A no ser que lo vea por mi mismo, no lo voy a creer!"

Aún más asombroso es que cuando Jesús se apareció a sus discípulos ocho días después, no le dijo a Tomás: "¡Estoy tan avergonzado de ti! ¡Cómo pudo uno de mis escogidos defraudarme?" En Juan 20, Jesús dijo (tomándome de nuevo algunas libertades al parafrasear): "Tomás, ven aquí... Yo te comprendo, y me doy cuenta que eres un C muy alto. Sé que tienes una mente inquisitiva y comprendo que tengas preguntas... Así que ven aquí. Voy a darte algunas respuestas *tangibles:* tócame y dime lo que sientes. Yo no soy un fantasma". Postrándose Tomás le dijo: "¡Señor mio y Dios mio!" Jesús le dijo: "Porque me has visto, Tomás, creíste; bienaventurados los que no vieron, y creyeron" (Juan 20:29). El no lo censuró; le dio a Tomás lo que los C necesitan: ¡respuestas de calidad!

Ilustración personal

Cuando era mucho más joven salir con mi novia era un tiempo muy confuso para mí. Yo no sabía nada acerca de los diferentes estilos de personalidad. De hecho, alguien se ha dado cuanta esos son de los momentos más engañosos de nuestra vida. Hacemos todo lo posible para engañar a la otra persona a pensar que somos de alguna manera perfectos. Malas noticias - Príncipe Azul y Blanca Nieves son la única pareja que "vivieron felices para siempre ..." y ambos están muertos!!

Cuando estaba saliendo con mi novia, que más tarde se convirtió en mi esposa y ella parecía tener muchas preguntas: Pesaba, "Esta muchacha creé que yo lo sé todo. ¡Mejor me caso con ella enseguida, antes de que se dé cuenta que no es así!" A su vez, ella pensaba: "Este muchacho es de lo más divertido. Debo casarme con él antes de que se dé cuenta que le tengo un poco de miedo a la gente". Así que nos casamos. Sus preguntas continuaron, pero ya sonaban diferente.

Recuerdo una vez que regresé a casa y le dije: "Vamos a la Florida de vacaciones". Ella preguntó: "¿Tienes un mapa?" Le contesté: "¿Quién necesita un mapa...? Yo sé dónde está la Florida, queda al sur de Georgia, ¡la encontraremos!" Entonces preguntó "¿Ya hiciste la reservación del hotel?" Le dije: "Hay hoteles dondequiera, ¡encontraremos alguno!" De nuevo preguntó "¿Cuantas millas piensas recorrer el primer día antes de detenernos?" Entonces, me quejé diciéndole: "No sé. Ya no tengo ganas de ir. ¡Me has quitado todo el entusiasmo que tenía!"

En vez de darme cuenta que sus preguntas revelaban una mente inquisitiva, me sentí mortificando; y para ella, todo mi "entusiasmo" repentino le pareció una conducta irresponsable. ¡Estábamos estancados! La situación no era insoportable pero tampoco era fenomenal. (Imagino que se podría decir que la situación era promedio.) Ambos habíamos esperado y supuesto, falsamente, que sería perfecta.

Por último, en 1985, comencé a aprender cómo aplicar este material. Lo tomé de la teoría a la práctica - de mi cabeza a mi vida diaria. Comencé a aprender a hablar el idioma que C quiere oír. Ese lenguaje incluye respuestas de calidad, valor y detalles. Fue muy difícil para mí entonces y lo sigue siendo difícil para mí, pero estoy mejorando en eso. Me he dado cuenta de que se necesita tiempo para "visitar" otros aspectos de mi estilo de personalidad.

En la siguiente tabla se puede ver que cuando **no entendemos otro estilo** de personalidad que lo único que podemos hacer es **tolerarlos**. Después de un período de tiempo si las cosas no mejoran, con el tiempo los **eliminamos**. *Cuando usted entiende el sistema* DISC de la conducta humana y lo aplica a su propia vida personal, un cambio puede ocurrir. Usted puede comenzar a **apreciar** a otra persona y, finalmente, a **celebrar** a esta persona. Este es el viaje que comenzó en 1985 y el cual continúo en la actualidad.

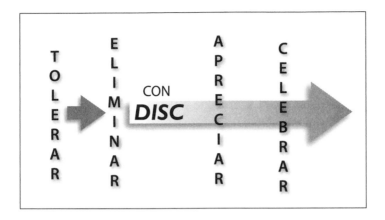

Necesidad básica

La necesidad básica del **C** bien acentuado es obtener *respuestas cualitativas*. Usted puede darle una respuesta a los **C**, pero si no la consideran *muy buena*, ¡para ellos no es una respuesta! Debe poseer componentes cualitativos. Por ejemplo, cuando un **C** pregunta: "¿Cuándo nos vamos?" no quiere oír: "Mañana". El prefiere que le digan: "El avión sale mañana a las tres de la tarde. Debes tener todo empacado y estar listo para que te recoja a la una y quince en punto. Puedes llevar dos maletas y un maletín de mano. Nos quedan 45 minutos para llegar al aeropuerto, y una hora para pasar el chequeo de seguridad y llegar a la salida. Te veré a la una y quince" Puede que aun después de todo eso, pregunte: "¿Estás *seguro* que estás saliendo con suficiente tiempo?"

Fortalezas

El tipo de personalidad **C** con frecuencia está extremadamente dotado. Son muy brillantes y tienen una alta capacidad para las actividades intelectuales; tienen una mente que siempre piensa en términos de "mejorar la idea". Aunque pueden ser muy creativos, con frecuencia se destacan por desarrollar una idea ya probada. Tienen mente e inclinación de inventores.

Los **C** son muy analíticos. Saben cómo tomar un proyecto grande y separarlo en sus partes componentes. Por desgracia, a veces les cuesta ver el "cuadro general"cuando aún se encuentran trabajando con todas las partes. Ellos tienden a enredarse con los detalles. Es decir, son excelentes para el *análisis* (ver detalles), pero con frecuencia se quedan cortos en la *síntesis* (ver el cuadro general).

Los tipos **C** tienden a ser muy sensibles. Pocas veces se equivocan. Con frecuencia revisan dos veces su trabajo para asegurarse que están haciendo las cosas bien. Si cometen un error, lo toman de forma personal. Saben que no son perfectos, pero odian admitirlo: "les cae mal" cuando alguien se acerca y les señala un error cometido.

El tipo **C** tiene la actitud de un perfeccionista. Como dije con anterioridad, ¡ellos corrigen las fotocopias! Les encanta la documentación y la precisión. Mi profesora de inglés de la escuela secundaria tenía reputación de ser exigente. Me esforcé mucho en mi primer trabajo, tratando de empezar bien, pero quedé atónito cuando me lo devolvió, ¡apenas había aprobado! Me escribió una nota que decía: "Su uso de la gramática es correcto pero su escritura es deficiente. No le puso los puntos a las íes" en el lugar correcto, y le puso la tilde a las "tés" atravesando otras letras".

¡Increíble! En ese momento no pude comprenderlo, pero ahora sí. Ella era una **C** alto y quería que las cosas se hicieran con cuidado y corrección, mientras que yo era un **I** muy alto pensando que ella debía estar contenta de que yo hubiera entregado el trabajo a tiempo. Después de esta primera experiencia negativa, básicamente abandoné todo esfuerzo durante el resto del año. ¡Qué manera de malgastar el tiempo! Si ella, como educadora adulta, hubiera sabido como motivarme, yo hubiera aprendido mucho más. No hubiera sido muy difícil para ella escribir: "¡Buena redacción! Ha comenzado bien. Trate de útilizar más cuidado en su puntuación, poniéndole los puntos a las "íes" y cruzando las "tés", La atención a estos detalles mejorará mucho su trabajo. No lo penalicé en esta ocasión, pero ahora ya está enterado. ¡Estoy ansiosa por observar sus progresos en mi clase este año!" Hubiera hecho lo imposible por ella. Pero, ella no me comprendía ¡y yo no me comprendía a mí mismo ni a ella! Como educadores, debemos hacer todo lo posible para ayudar a nuestros estudiantes. (Remítase al Capítulo 10 para mayor ayuda.)

Hay un viejo refrán que dice: "El maestro no ha enseñado nada hasta que el alumno aprende". La primera vez que oí esta afirmación no me gustó, pero he llegado a estar de acuerdo con ella, porque pone la responsabilidad del aprendizaje en los hombros del maestro. Nosotros somos los adultos. Muchas veces, aunque no queramos admitirlo, tenemos las llaves del éxito o el fracaso académico del estudiante en nuestras manos. Es cierto que los niños no constituyen el 100% de nuestra población, pero sí constituyen el 100% de nuestro futuro. ¡Vale la pena abrirles las puertas al éxito!

Con frecuencia los **C** son extremadamente amantes de lo estético. Para ellos, la apariencia externa es una manifestación de su condición interna. Todo debe estar lo más organizado posible. Despúes de todo "un escritorio desordenado revela una mente desordenada".

Los **C** son muy idealistas, quizás demásiado. Quieren ser los mejores; buscan y luchan por lo mejor; quieren que todas las cosas encajen para formar un bello y ordenado conjunto. Los frustran los asuntos pendientes o sin resolver de la vida. Tratan de darle una conclusión a todas sus experiencias; no les gusta que las cosas terminen de forma abrupta o inesperada. Son fuertes procesadores del conocimiento y esperan que los demás lo sean también. Piensan idealmente, que la vida debe ser justa aunque sea difícil.

Los tipos **C** son fieles a ideas y tradiciones. Cuando encuentran lo que les gusta, se mantienen fieles a sus causas. Recordemos que son muy consistentes, les gusta estar en una "zona de confort" familiar, pero cuando se encuentran en territorio desconocido se sienten amenazados. Pudiéramos decir que se adhieren a una causa mientras conocen el plan y están de acuerdo con él.

Finalmente, los tipos **C** son muy sacrificados y tenaces. Tienen la envidíable habilidad de "trabajar incesantemente";

constantemente buscan la manera de mejorar una situación. Trabajan sin descanso para hacer un buen trabajo, con calidad, y lo hacen aunque suponga largas e intensas horas. Frecuentemente, ponen la tarea que tienen a su cargo por encima de su propio bienestar personal. Los **C** son conocidos por continuar operando con energía nerviosa mucho después de la hora de dormir.

Debilidades

Los tipos **C** pueden estar muy concentrados en sí mismos porque siempre tienen la razón; bueno, al menos ellos *piensan* que así es. Se hace énfasis en la palabra piensan para hacernos recordar cuán cognitivos son. Realmente útilizan sus mentes, quizás más que cualquier otro tipo de personalidad. Con frecuencia útilizan las expresiones siguientes: "Yo sé que..." o "Yo pienso que ..." mientras que es más probable que los otros digan: "Siento que..." o "Suena como que..." o "Parece que.. ".

Aunque los tipos **C** frecuentemente toman decisiones correctas, lamentablemente, se lo hacen saber. Amenudo carecen sde la flexibilidad para desarrollar relaciones sociales cálidas. En otras palabras, expresan una actitud arrogante de que su forma de hacer las cosas es la mejor forma o incluso, la *única* forma.

Los **C** pueden ser con frecuencia muy temperamentales. Bien puede ser que no hayan desarrollado una sensibilidad a su entorno; por eso, más que *responder* a su ambiente, lo que hacen es *reaccionar* a él. Si se ven involucrados en una situación difícil, tienden a reaccionar negativamente de manera abrupta. No responden adecuadamente cuando se les dice que han cometido un error, o que no tienen razón; quieren tenerla a la fuerza. Esa es una carga bien pesada, pero ellos la llevan. Su disposición va a cambiar rápidamente si se les corrige. Con frecuencia, usted va a pensar: "¿Por qué son tan temperamentales?"

Quizás la parte mas difícil de la vida de un **C** es la manera en que ellos manejan su naturaleza crítica, negativa. Más que mantenerla bajo control, con frecuencia la tienen fuera de control. Aunque son inteligentes y tienen mucho que ofrecer, a menudo se perjudican ellos mismos porno mantener una actitud positiva de reconocimiento antes de hacer sus recomendaciones y comentarios. En otras palabras, se les conoce como "criticones". Tienden a ver más lo que está mal que lo que está bien. Cuando el vaso está por la mitad, consideran que está medio vacío y nunca que está medio lleno.

Tengo un amigo que dice que su madre era definitivamente una persona de tipo **C**. En cierta ocasión me dijo que un día llevó a su casa un boletín de notas con un "8" (en una escala de 1 a 10) y su madre le dijo: "Hijo, pudiste haber logrado un "9". En la próxima evaluación, alcanzó un "9". Esta vez su madre miró el boletín y le dijo: "Hijo, podías haber alcanzado un "l0". En la ocasión siguiente, obtuvo un "10". Estaba tan orgulloso que corrió a la casa y le mostró el boletín a su madre. Ella lo miró y le dijo: "¡Hijo, podías haber tomado un curso más difícil! ¿¡Son los **C** perfeccionistas o qué?!

¿Ha visto usted alguna vez en una revista o en un periódico el juego que consiste en buscar lo que está incorrecto en el dibujo? Fue diseñado por una personalidad tipo **C**. Si los **C** lograsen verse a sí mismos más objetivamente, podrían ver cómo ellos son sus propios enemigos. La mayoría de las personas están abiertas a las ideas innovadoras que el tipo **C** tiene que ofrecer. Sin embargo, éstos no interpretan correctamente a los demás al suponer que no aprecian el valor y la sabiduría en sus ideas. Lo que no ven es que la gente no rechaza sus ideas: los rechazan a *ellos*. Dan la impresión de ser tan superiores en su conocimiento que, aún cuando tengan la razón, a los demás no les gusta admitirlo. ¿A quién le gusta un "sabelotodo"?

Otra debilidad de los **C** es su naturaleza rígida. Por extraño que parezca, el tipo **C** es el que tiene más dificultad en comprender los conceptos en este libro. No es porque no puedan procesarlo mentalmente, al contrario. Sencillamente no creen que sea necesario. Después de todo, tienen más dificultad que los demás en comprender por qué otros no pueden ver las cosas como ellos las ven. Su rigidez y temor de no tener la razón impiden que puedan ver el cuadro completo.

Los **C** son teóricos por naturaleza. Piensan que sus ideas, puntos de vista y opiniones deben ser la norma. A Henry Ford una vez le dijeron que la Chevrolet estaba planeando ofrecer a los consumidores una selección de colores en el modelo del año siguiente. Los ejecutivos de la Ford estaban preocupados de que a la gente le gustara la variedad y se dirigieron a él. Ford teorizaba que la gente estaba acostumbrada al "negro básico" y que preferiría quedarse con lo que ya conocía. Como la administración continuó preocupada con el asunto, Ford comentó: "El publico puede elegir entre 'negro básico' y 'negro básico.'" Ese año, la Chevrolet ofreció varios colores y el público respondió. El resto es historia: la Chevrolet vendió más que la Ford no sólo ese año, sino también los siguientes. La teoría de Henry Ford era formidable para él, no para el resto.

Los tipos **C** pueden ser a veces poco prácticos. Saben que la distancia más corta entre dos puntos es la línea recta que los une, y piensan en consecuencia que ese principio debe funcionar *siempre*. Por desgracia, la vida tiene su forma de proveernos rodeos o vueltas inesperados. Los **C** van a insistir en argumentar un asunto mucho después de que ya no tiene sentido persistir. A veces, su naturaleza poco práctica dificulta que sea oído, aún cuando realmente tienen buenas ideas.

Los tipos **C** tienden a ser poco sociables. Ellos están orientados hacia la tarea y dan poca importancia a los halagos y demostraciones de cariño, a las "frases cálidas". Más que cultivar las relaciones, prefieren trabajar en su último proyecto, preparar el trabajo en la casa o en la oficina, o leer un buen libro. A menudo se les promueve en el trabajo porque realizan un trabajo excelente, no porque sean simpáticos.

A los **C** les gusta protegerse a sí mismos. No corren riesgos porque podrían fracasar. No les gusta equivocarse; ni siquiera adoptan un riesgo seguro y calculado, si consideran que puede conducirlos al fracaso. Es más fácil para un **C** permanecer en "terreno seguro" y criticar a aquéllos que se aventuran en territorio desconocido, lo que resulta lamentable, porque muchos **C** tienen mentes sobresalientes, y si no tuvieran miedo a cierto riesgo, podrían aprovechar más las ventajas que les ofrece su razonamiento minucioso.

Finalmente, los tipos **C** pueden ser extremadamente vengativos. Si quieren saldar alguna cuenta con usted por algo que le ha hecho, suelen ser muy pacientes, esperando el momento adecuado para ayudarlo a... "colgarse a sí mismo". Es especialmente difícil para un tipo **C** asistir a algún tipo de consejería o de terapia por problemas personales. Para ellos, *usted* puede tener un problema, pero ellos no y ese es su mayor problema; ¡*Tienen tanta razón, que están equivocados!* Si en algún momento alguien les dice cómo se siente con respecto a ellos, puede ser que siempre le guarden rencor. Les resulta muy difícil perdonar a alguien que les haya hecho algún daño.

Los **C** son buenos...

Los tipos **C** ejercen bien una variedad de profesiones. Quizás más que cualquiera otra personalidad, los tipos **C** pueden hacer casi cualquier cosa por ser muy inteligentes (**cognitivos**). Son excelentes maestros o profesores porque saben mucho y se atienen a los hechos en su información. A veces tienen dificultad en comunicar lo que saben ya que tienden a ser más reservados que extrovertidos... y más técnicos que entretenidos. La mezcla **C/I** bien acentuada constituye uno de los mejores estilos para la enseñanza, porque la información es precisa y la transmisión es divertida y motivadora. (Sin embargo, es una combinación poco usual y difícil de encontrar.)

Los **C** son también grandes inventores o investigadores. Tienen la habilidad de realizar cientos de experimentos sin darse por vencidos en su búsqueda de una solución. A Thomas Edison se le preguntó en una ocasión si se había sentido desanimado en su trabajo de invención de la bombilla de luz incandescente - después de realizar 2, 000 experimentos sin ver un progreso palpable. Edison contestó: "¡En lo absoluto, porque ahora sé con *certeza* que existen 2 000 formas en que no se logra!" Menos mal que este proyecto no fue asignado a un I alto. ¡Aun estaríamos utilizando velas!)

Al final de uno de mis seminarios, un hombre se acercó a mí, que había trabajado para la Compañia Edison hace años. Él me contó que en todas las oficinas había una foto del señor Edison en una placa con este lema: "¡Si hay una mejor manera ... encuantrala!", él dijo con humor: "A veces, a reescribíamos la frase para que dijera: "¡Si hay una mejor manera ... ... mejor encuantrala!" El Sr. Edison ciertamente tuvo la tenacidad a "seguir con las cosas" hasta que una mejor manera de hacer las cosas había sido encontrada. Esta actitud personal y la industria ha hecho que el mundo sea un lugar mejor para todos nosotros. No estás de acuerdo?

Los **C** son excelentes músicos. La música tiene elementos de una ciencia exacta, y a ellos les gusta eso. (Es decir, usted no puede "casi" tocar la nota.) Tienen la disciplina personal requerida para practicar diariamente y obtener las melodías con la sonoridad que quieren. Por las mismas razónes son también buenos artistas. Tienen el deseo intenso de crear y mejorar las condiciones de vida. Desean sincera e intensamente que el mundo sea mejor.

Los **C** son buenos filósofos. Su naturaleza analítica le da a sus mentes teóricas el deseo de descubrir el "porqué" detrás de todo. Debido a que saben cómo prepararse con antelación, cuando tratan algún tema, con gran frecuencia tienen la razón en lo que dicen.

Resumen

Los tipos **C** son cautelosos, pero tienen una visión aguda. Pueden detectar una buena compañía y comprar sus acciones cuando están a buen precio. Saben cómo fijar su ritmo y mantenerlo: no son corredores veloces de carreras cortas, son corredores de maratones. Poseen una gran dosis de disciplina propia y de integridad personal. Les gusta organizar sus vidas y sus ideas en categorías bien delineadas. No les agrada tener asuntos pendientes.

El mundo va a continuar progresando mientras los **C** hagan que las cosas funcionen eficazmente. La tecnología del siglo XXI está en las manos de nuestros amigos **C**. Alguien ha observado correctamente que: los **D** crean las cosas, los **I** las venden, los **S** las disfrutan, y los **C** las mejoran. Los tipos **C** nos ayudan a todos a ser más precisos y eficientes. Su contribución a nuestra sociedad no tiene precio. *Les estamos muy agradecidos.*

Cualidades que caracterizan a cada tipo

Cada tipo de personalidad tiene sus propias tendencias naturales. Nos sentimos más cómodos cuando funcionamos de acuerdo con nuestras tendencias que son nuestra "zona de confort". Tratamos de mantenernos en esta zona al enfrentarnos a las situaciones cotidianas, porque en ella podemos funcionar de manera automática, dirigidos por nuestras tendencias naturales.

Yamil Brenes, nos contó de una experiencia que tuvo en su calidad de entrenador de la Selección Nacional de Natación de Costa Rica. En un campamento de entrenamiento antes de la competencia anual más importante de 1997, dividió el equipo national en 6 subgrupos, dejando cada grupo a cargo de uno de sus asistentes, cada uno de ellos un profesional graduado a nivel universitario. Les dijo a los asistentes que organizaran sus grupos en 15 minutos para trabajar. Juan, Carlos y Daniel eran **D**; Pedro era un **I**; Oscar un **S**; y Mario un **C**. A los 15 minutos Juan, Carlos y Daniel tenían sus grupos sentados en una esquina y amenazados para que no hablaran. El grupo de Pedro no estaba organizado; él estaba en plena conversación y rizas con los muchachos de su grupo, alegre de tener esta ocasión para conocerse. Oscar todavía les estaba pidiendo disculpas a su grupo por haberlos reunido y no sabía que hacer con ellos, ni dónde sentarlos; es más, les decía que escogieran un lugar que a todos les gustase y por eso no terminaban de ponerse a acuerdo. Mario por su parte, les estaba dando una explicación muy extensa de por qué se debe estar callado, cómo sentarse para prestar más atención y cuáles son los principios que se deben tener para concentrarse mejor.

Como vemos en este relato, cada persona estaba en funcionando en automático, de acuerdo con su zona de confort.

Veamos cuáles son algunas de las tendencias naturales de los tipos de personalidad **D-I-S-C**. La mayoría de los malos entendidos entre personas de distintos estilos de personalidad son consecuencia de diferencias en la percepción. Si se pudiera analizar con claridad los hechos, veríamos que sencillamente son "hechos". Sin embargo, los diferentes estilos de personalidad los perciben de diferentes maneras. Dados los mismos "hechos" respecto a un proyecto, un estilo tipo **D** puede pensar "¿Qué es lo que ocurre aquí?" Un estilo tipo **I** puede pensar "¿A quiénes se ha invitado a esta función?" Un estilo tipo **S** se pregunta "Cómo de bemos llevar a cabo este proyecto?", mientras un estilo tipo **C** pregunta "¿Por qué estamos haciendo esto?" La cuestión no es tanto la información o los hechos en sí, sino la percepción y perspectiva de cada quién respecto a dicha información. Lo más natural es ver las cosas desde nuestra propia perspectiva; lo más sobrenatural es ver las cosas desde la perspectiva de otra persona. Lamentablemente, son muy pocos los que lo hacen. Si llegamos a captar el secreto de ver las cosas desde distintas perspectivas, nuestras relaciones interpersonales serán más amplias, y llegaremos a ser más tolerantes unos de otros.

Veamos cómo las diferentes personalidades reaccionan ante situaciones, de acuerdo con sus propias perspectivas.

Preguntas que hacen:

D - ¿Qué?	¿Qué es lo que se persigue?
I - ¿Quiénes?	¿Quiénes participarán o estarán?
S - ¿Cómo?	¿Cómo se va a hacer?
C - ¿Por qué?	¿Por qué estamos haciendo esto?

Una noche mientras mi esposa y yo visitábamos unos amigos, nuestra hija Raquel nos llamó por teléfono. Me preguntó "Papi, ¿tenemos una motosierra?" Le dije, "No, pero pregúntale a Carlos, el vecino de enfrente. Puede ser que él tenga una." Después de cortar, mi esposa me preguntó que era lo que quería Raquel.

Le contesté: "Quería saber si teníamos una motosierra, pero le dije que no." Con un tono de marcada ansiedad me preguntó "¿y para que quería una motosierra?" Pensé, "no sé, no se me ocurrió preguntarle." Al no obtener la respuesta que buscaba, llamó de inmediato a Raquel. Se tranquilizó al saber que era para un amigo al que se le había caido un árbol en el patio de su casa y le hacía falta la sierra para cortar las ramas.

Cuento esto para demostrar cuán diferentes son las perspectivas o los razonamientos de distintas personalidades. Mi interés se concentraba en quién tenía una motosierra, mientras que el de mi esposa era por qué le hacía falta. La cuestión no es quien tenía razón, sino qué percibimos cada uno de nosotros por medio de los "filtros" de nuestra personalidad. En muchos casos, son estas diferencias de percepción las que nos permiten ayudarnos y complementarnos mutuamente.

Es bueno tener en cuenta estos "filtros" al acercarnos y comunicarnos con los demás. Recuerden que nadie es exclusivamente un D, o un I, o un S, o un C. Todos somos una mezcla de estas características en diversos grados. Conviene entonces, tratar un tema con todas las perspectivas en mente, o por lo menos, cuántas se requieran, para producir la comprensión y la armonía necesarias en el proceso de la comunicación. El mero hecho de que usted trate de ver las cosas desde el punto de vista del otro siempre le favorece. La persona que ve las cosas desde un solo punto de vista, el suyo, es "un simple común", mientras que aquel que usa visión radiográfica para ver más allá de lo superficial, se vuelve un "superhombre". ¡Qué maravilla! Y usted lo puede hacer, con un poco de esfuerzo.

Caracterización de las personalidades según el color:

D **Verde:** Como si nacieran con el semáforo interno fijado en verde, los **D** tienen que seguir *adelante*. Además, verde como en dinero, simboliza el **poder.**

I **Rojo:** Como el más fuerte de los colores. El rojo es *llamativo* e incluso ostentoso. **Se destaca** de los demás colores.

S **Azul:** Como el color *suave* del cielo inspira tranquilidad. No choca al ojo y **armoniza** todo el mundo.

C **Amarillo:** Como la señal de *"precaución"* en las carreteras. El color parece decirnos "Ten cuidado, más vale que lo vuelvas a **verificar."**

Para entender cómo difieren las tendencias naturales considere este ejemplo de distintos choferes: Cuando un chofer **S** o **C** ve que el semáforo pasó a amarillo, interpreta "Hay que parar". Un chofer **D** o **I** interpreta "Apúrate en pasar antes de quedarte atascado".

Las personalidades de acuerdo con animales:

D **Un Doberman:** Se dice que no es necesario provocar mucho a este perro para que se disponga a atacar ferozmente. Mientras le den de comer y éste en un buen ambiente es un perro agradable, pero su verdadera naturaleza sale a relucir con lo primero que se le atraviese desafiando su ambiente. El Doberman funciona mejor cuando se enfrenta a un gran desafío. Protegera la casa de ladrones a toda costa; en este caso, "perro que ladra sí muerde" No conviene enfrentarse con él porque ¡no quiere perder! Recuerda lo que decía Carlos Salvador Bilardo:"cuando se juega se juega y ¡si hay que matar, hay que matar!"

I **Un perrito bonito, cariñoso:** Les gusta jugar, y les es difícil tomar las cosas en serio. Están de lo más contentos cuando se están riendo y divirtiendo. Quieren hacerse pasar por "atractivos y encantadores". Les encantan los halagos, las caricias y felicitaciones en todo momento. El tipo de personalidad I acentuado funciona de una forma óptima como reacción al reconocimiento o a los elogios. Háblenles con palabras amables y comenzarán a mover la cola; se nota su agrado de inmediato. (He oído decir que la razón por la cual los perros tienen tantos amigos es porque mueven la cola y no la lengua.)

S **Un gato:** Los gatos andan por la casa sin apuro, disfrutando de cada rinconcito. Seleccionan ciertos lugares donde se sienten cómodos y se retiran allí para relajarse. Les gusta su territorio conocido, que los acaricien y vigilar para así evitar las sorpresas. Se quitan del camino para que nadie los pise; cuando alguien se les viene encima, salen corriendo. Les disgusta el conflicto. Les gusta ser apreciados y acariciados. Ronronean cuando se los trata con afecto.

C Un pez tropical: Nadan para uno y otro lado del acuario para observar y comprobarlo todo. Luego se dirigen a la superficie para ver como está todo por allí. Parece que les gusta asegurarse de que todo esté bien por todas partes. Observan cada piedrita en el fondo del estanque. Se detienen momentáneamente para observar los figurines de cerámica, y luego, comienzan de nuevo a recorrer su circuito. Por naturaleza son curiosos y funcionan mejor cuando el entorno está precisamente como les gusta. No soportan los cambios repentinos. Les gusta que los alimenten y que su medio ambiente se mantenga estable.

La personalidad inclinada a comprar este automóvil:

D Un Mercedes Benz o un Cadillac: Este tipo de personalidad prefiere un automóvil que le proporcione un alto nivel social y prestigio. Si su presupuesto no les permite un automóvil de lujo, van a optar por uno de gran potencia.

I Convertible: No importa la marca que sea con tal que se le pueda bajar el techo para que la persona con un alto I pueda saludar a todo el mundo. Les gusta ver y ser vistos.

S Automóvil amplio: Quieren que todos sus pasajeros estén cómodos. A cada persona le hace falta un cinturón de seguridad y aire fresco si afuera hace calor.

C **Toyota o Honda:** Buscan un automóvil económico con evaluaciones favorables basadas en informes al consumidor. Quieren obtener una alta calidad a cambio de su inversión.

El lema de cada personalidad:

D "Anímate... hazlo" Sólo se vive una vez, así que hay que aprovechar al máximo lo que se pueda.

I **"No tomes las cosas tan en serio"** "Un **I** no permite que las cosas se vuelvan muy intensas. Si las cosas se están poniendo demasiado serias, cuenta un chiste. La vida es demasiado corta para sentirse infeliz, así que, pasémosla bien. "¡La vida es sumamente misteriosa... no la tomes muy en serio!"

S **"¡Uno para todos... y todos para uno!"** Tomados de la mano, a todos nos irá mejor. "En la unión está la fuerza","Todos a arrimar el hombro". En otras palabras, les encanta la unión que proporciona colaborar en equipo.

C **"Si puede fallar, va a fallar"** No es que sean negativos o excesivamente críticos. Es que al saber cómo hacer bien las cosas, pueden detectar lo que está mal. Si usted es un tipo **C** y le ofende este lema, discúlpeme por favor. Otro lema podría ser "Planifique su trabajo y... trabaje de acuerdo con su plan". Recuerde que yo soy un **I** alto, y quiero agradar.

La filosofía de cada personalidad:

D **Lo quiero ayer."** "¿Que pasa? ¿Tienes algún problema con eso? Si note gusta, mala suerte. Te toca a ti aprender a pensar como yo. No tengo tiempo para esperar hasta que te decidas a atenderme. ¡Lo quiero para ayer!

I **"¡A divertirse se ha dicho!"** "No hace falta que encontremos una fiesta. La traemos adentro. La vida se diseñó pensando en mí."

S **"Unidos lo lograremos."** Cuando la Corporación Chrysler estaba al borde de la bancarrota, contrataron a Lee Iacocca para que se hiciera cargo de ella. Lo primero que hizo fue decirle a los empleados que tenía un proyecto que era necesario realizar en equipo. Si no trabajaban todos juntos, se perdería todo. "Pero, juntos lo lograremos" les dijo. A comienzos de los años 80, las acciones de la Chrysler estaban a 50 centavos de dólar, y aumentaron a US $65 para fines de la década. Este excelente resultado se logró con el trabajo en equipo.

C **"No muestres todas tus cartas."** Sea sabio. Tenga cuidado. No hace falta decir todo lo que sabe. Aun pez nunca lo pescarían si no abriera la boca. "El pez por la boca muere."

Las ódenes de tiro al blanco para cada personalidad:

D **"¡Listos... Fuego... Apunten!"** Las personas con un **D** alto deciden lo que quieren hacer...luego lo hacen... y luego se fijan a ver si su elección fue correcta o no.

I "¡Listos ... Apunten ... Hablen!" Los tipos con un I alto deciden lo que quieren hacer... luego se aseguran de que lo que van a hacer es correcto... luego hablan sobre su decisión. (Recuerden que los I alto piensan que hablar de algo y hacerlo realmente son sinónimos.)

S "Listos... Listos... Listos.." Los S tratan de decidir qué hacer. Pero como no quieren ofender a nadie, tienen que tratar de predecir la reacción que causará sobre los demás su decisión. Luego tratan de decidir qué van a decidir hacer por fin.

C "Listos... Apunten... Apunten... Apunten..." Una persona con un alto grado de "C" decide qué hacer, y una vez que fija su rumbo, verifica su plan, pero... vuelve una y otra vez a comprobarlo. Luego se preocupa por la posibilidad de que no funcione.

La necesidad más grande de cada personalidad:

D **Desafío.** Déme la oportunidad de desplegar mis alas para volar. Ellos necesitan retos por que quieren dominio.

I **Reconocimiento.** Mencionen mi nombre en público para ponerme de pie y que todos me vean. Fíjese en mí, y lo seguiré a donde sea. A ellos les gusta ser reconocidos por que les gusta la interacción.

S **Aprecio.** Hágame sentir que lo hice bien y que lo he complacido, pero no me reconozca en público con demásiada frecuencia.

C **Respuestas de calidad.** No quiero simplemente *cualquier* respuesta; necesito respuestas buenas, sólidas, sustanciales. Es sumamente importante que hagamos las cosas correctamente, que estemos usted y yo en lo cierto; así que yo haré mi investigación y quiero que usted haga la suya para así estar seguros de que vamos bien. Los tipos **I** alto necesitan respuestas de calidad porque quieren estar en lo correcto.

Resumen

Supongamos que usted está trabajando en un proyecto con un grupo de personas. Si usted es capaz de aplicar su comprensión de las necesidades básicas y los patrones de pensamiento de los cuatro tipos de personalidades, el progreso de su trabajo se facilitará grandemente.

Recuerde que los **D** piensan en términos de *¿Qué?*, *¿Qué es lo que ocurre?*, *¿A qué se reduce esto?*, *¿Qué queremos lograr?* *¿En qué consiste el programa?* Los motivan sus necesidades básicas: desafío (*¿qué obstáculos hay?*) y control (*¿qué puedo hacer?*) Quieren actuar. Por tanto, déles el control de algo para así desafiarlos. Les gustan las opciones y los conflictos no les molestan; consideran que ambos pertenecen a su esfera. Recuerde que el patrón mental que tienen es: "*qué*"; sus necesidades son: el "**desafío**" y el "**control**". Entonces estará hablando usted el idioma de los **D**.

El **I** piensa en términos de "*¿Quién? ¿Quiénes van? ¿Quién va a estar? ¿a quiénes veré? ¿A quién conozco?* Lo motivan sus necesidades básicas de reconocimiento (*¿quién me prestará atención?*) y de interacción social (*¿quién puede hacer que esto sea divertido?*) Se destaca del montón. Para los **I**, nunca es suficiente la atención que reciben. Recuerde que el patrón de pensamiento que tienen es: "*quién*"; sus necesidades básicas son: el "**reconocimiento**" y la "**interacción**" social. Entonces estará hablando usted el idioma de los **I**.

Los **S** piensan en términos de "*¿Cómo?*" *¿Cómo quiere que se haga esta tarea? ¿Cómo quiere que la haga yo? ¿Cómo quiere que quede? ¿Cómo sabré si lo hice bien?* Los motivan sus necesidades básicas de aprecio (?*cómo* lograr la aprobación?) y de servicio (*¿cómo* va mi trabajo?) Quieren sentir que lo han complacido. Nada le produce más satisfacción que saber que hizo lo que usted esperaba y que todo salió bien, de acuerdo con el programa y el plan. Si usted está satisfecho con las cosas tal como salieron, él está aun más complacido. Recuerde que el patrón de pensamiento que tienen es: "cómo"; sus necesidades básicas son: el "**aprecio**" y "**complacer**". Entonces estará usted hablando el idioma de los **S**.

El **C** piensa en términos de "*¿Por qué?*" *¿Por qué* estamos haciendo esto? *¿Por qué* estamos trabajando en este proyecto? *¿Por qué* me asignaron esta tarea? *¿Por qué* estoy leyendo este libro? Lo motivan sus necesidades básicas de respuestas de calidad (¿Por qué esta ocurriendo esto?) y de corrección (*¿Por qué* lo estamos haciendo de esta forma?) Si en alguna situación usted no sabe la respuesta, es mejor admitirlo que aparentar que sí sabe. Es aún mejor decirle que va a investigarlo un poco para responderle cuando tenga una respuesta satisfactoria. Entonces, corresponde investigar. El **C** lo respetará, admirará su persistencia, y le ayudará a completar su tarea con estilo. Recuerde que el patrón de pensamiento que tienen es: "*por qué*"; sus necesidades básicas son: "**respuestas de calidad**" y "**corrección**". Así estará hablando usted el idioma de los **C**.

El foco de las personalidades, en breve:

Tipo	Patrón de pensamiento	Necesidad Básica	Identificador
D	¿Qué?	Control	Dominio
I	¿Quién(es)?	Reconocimiento	Interacción
S	¿Cómo?	Aprecio	Servicio
C	?Por qué?	Respuestas de calidad	Corrección

Vea el "Cuadro de personalidades" en la siguiente página que trata los temas presentados en este capítulo.

Caracterizando	D	I	S	C
Pregunta:	¿Qué?	¿Quién?	¿Cómo?	¿Por qué?
Color:	Verde	Rojo	Azul	Amarillo
Animal:	Doberman	Perrito bonito	Gato	Pez tropical
Automóvil:	Lujo / Deportivo	Convertible	Coche familiar	Toyota / Honda
Lema:	"¡Anímate... Hazlo!"	"No tomes tan en serio las cosas."	"Uno para todos y todos para uno."	"Si puede fallar, va a fallar."
Filosofía	"Lo quiero ayer"	"¡A divertirse se ha dicho!"	"Unidos lo lograremos"	"No muestres todas tus cartas."
Disparar al blanco:	"Listos... Fuego... Apunten"	"Listos ... Apunten... Hablen..."	Listos... Listos... Listos...	"Listos ... Apunten... Apunten..."
Necesidad:	Desafío Dominio	Reconocimiento Interacción	Agradecimiento Apoyo	Respuestas de calidad Tener razón

Cómo interpretar a las personas

Conocí al Dr. Frank Wichern, un psicólogo, cuando iniciaba mis estudios doctorales en el Seminario Teológico de Dallas. Apenas habían pasado unas dos semanas cuando tuve que ir a la entrevista del primer año. Antes de entrar al seminario, requerían que cada estudiante tomara un inventario de personalidad (Inventario de Personalidad Multifacética de Minnesota) que distingue entre características de personalidad normales, neuróticas y psicóticas. También tiene aplicaciones en la esfera laboral, en la orientación psicopedagógica y en la terapia matrimonial, así como en el pronóstico de intereses específicos.

Entré a la oficina del Dr. Wichern y me senté. Abrió mi expediente y revisó los resultados de mi test. Me miró, sonrió y me dijo, "Le tengo buenas y malas noticias". Le dije, "Déme primero las buenas".

Continuó. "Bien, usted es una persona que agrada a los demás. Le va a ir muy bien en la vida: como le gustan las personas, ellas se sentirán atraídas también por usted." "¡Magnífico! - le dije - ¿y cuál es la mala noticia?" Me contestó "Pues, la mala noticia es la siguiente: los estudiantes con el perfil de personalidad que usted tiene nunca terminan sus estudios doctorales porque no logran concentrarse en un solo tema el tiempo necesario".

Yo estaba sumamente sorprendido. Hacía sólo dos semanas que había empezado mis estudios, y ya había considerado abandonarlos. ¿Cómo podía saberlo este señor? ¡Nos acababamos de conocer!... Continuó diciendome cómo me sentia acerca de mi vida y demás... Había captado mi esencia, *como si la hubiera leído en un libro.*

Aunque realmente no lo puedo explicar, ese día me di cuenta de algo. La mayor parte de mi vida había estado luchando conmigo mismo a causa de mi personalidad, mi temperamento, mis tendencias y sentimientos. No entendía por qué siempre me sentía tan activo y extrovertido y trataba de ser más reservado, más tranquilo y retraído. Pensaba que si lograba esto último sería mejor creyente; que ser un buen cristiano era ser lo *contrario* de como me sentía. Si tan sólo pudiera sentirme triste y deprimido, entonces sería como la mayoría de los cristianos que conocia. Mis intentos no lograban más que frustrarme porque sentía que estaba viviendo una mentira.

Cuando por fin empecé a aprender estas verdades respecto a las personalidades, descubrí que Dios me había hecho de una forma determinada. Me dio dones, y me hizo extrovertido y orientado hacia las personas. Su objetivo principal conmigo no era "quitarme los dones" ni "deshacerme", sino controlarme. El cambio deseado llegaría como resultado de Su control. Realmente podía *disfrutar* de la persona que era. ¡Qué verdad tan liberadora!

Yo también quería captar la esencia de las personas y entenderlas como nunca lo había hecho. Quería ayudar a los demás a descubrir cómo funcionan la vida y las relaciones. Con el pasar del tiempo, comencé a entender los principios expresados en este libro; la información más valiosa que poseo como ser humano. Siempre estaré muy agradecido al Dr. Wichern por esa consulta inicial en su oficina.

El resumen que sigue, fue tornado de los apuntes del Dr. Wichern. He modificado algunos puntos para darle más énfasis y para esclarecerlo. Al leer estas páginas, tenga en cuenta que casi nadie es "exclusivamente" un "**D**", o un "**I**", o un "**S**, o un "**C**". Las investigaciones indican que un 80% de la población general tiene por lo menos dos tipos como factores primarios en la composición de su personalidad. (Trataremos esto más a fondo en el Capítulo 8, ¿Por qué se atraen los opuestos?") Todos estamos compuestos de **D-I-S-C**, en diversos grados.

EL **D** ALTO

Su motivación básica:
- Desafío
- Opciones
- Control

Sus necesidades ambientales:
- Libertad
- Autoridad
- Actividades variadas
- Tareas difíciles
- La oportunidad de progresar

El líder al que más responde es aquel que:
- Proporciona respuestas directas
- Se mantiene en el tema
- Enfatiza objetivos
- Presiona
- Permite la libertad necesaria para logros personales

Necesita aprender que:
- Las personas son importantes
- Descansar no es un delito
- Algunos contoles son necesarios
- Todo el mundo tiene un jefe
- Expresar sus conclusiones verbalmente ayuda a los demás a entenderlo mejor

EL I ALTO

Su motivación básica:

- Reconocimiento
- Aprobación
- Popularidad

Sus necesidades ambientales:

- Prestigio
- Relaciones amistosas
- Oportunidades para influenciar a los demás
- Oportunidades para inspirar a los demás
- La oportunidad de expresar ideas verbalmente

El líder al que más responde es aquel que:

- Es democrático y un amigo
- Proporciona interacción social fuera del trabajo
- Reconoce sus habilidades abiertamente
- Ofrece incentivos para correr riesgos
- Crea una atmósfera de entusiasmo

Necesita aprender que:

- Hay que administrar el tiempo
- El optimismo excesivo puede ser dañino
- Es importante escuchar
- Hay que completar las tareas
- Es imprescindible rendir cuentas ante alguien

EL **S** ALTO

Su motivación básica:

- Seguridad
- Aprecio
- Estabilidad

Sus necesidades ambientales:

- Un área de especialización
- Identification con el grupo
- Patrón de trabajo fijo
- Una situación estable
- Ambiente familiar, constante

El líder al que más responde es aquel que:

- Está relajado y es amigable
- Da tiempo para ajustarse a los cambios de planes
- Sirve o ayuda como amigo
- Permite que la gente trabaje a su propio ritmo
- Define claramente sus objetivos y los medios de alcanzarlos

Necesita aprender que:

- El cambio proporciona oportunidades
- La amistad no es lo único que cuenta
- La disciplina es buena
- Está bien decir "¡No!"
- Ser "siervo" no implica "dejarse engañar"

EL **C** ALTO

Su motivación básica:

- Respuestas de calidad
- Excelencia
- Valor (compensación justa por lo invertido)

Sus necesidades ambientales:

- Tareas bien definidas y explicadas
- El tiempo y los recursos necesarios para lograr las tareas
- La participatión en un equipo
- Riesgos limitados
- Encargos que requieran planificación y precisión

El líder al que más responde es aquel que:

- Proporciona declaraciones que tranquilizan
- Mantiene una atmósfera de apoyo a las personas
- Proporciona una política de puerta abierta
- Define normas de operación de forma concisa
- Está orientado al detalle

Necesita aprender que:

- No siempre es necesario un apoyo total
- No siempre es posible una explicación cabal
- Hay que cumplir con las fechas de entrega
- Los riesgos calculados pueden ser fructíferos
- Hay diversos grados de excelencia

Dr. Robert A. Rohm

Capítulo ocho

Por qué se atraen los opuestos

Los griegos clásicos poseían un concepto poderoso que presentaban en forma de mito. Decían que con el fin de que la humanidad fuera menos poderosa, los dioses dividieron a los individuos en dos, e hicieron que una parte fuera masculina y la otra femenina. Como resultado, nuestras vidas se han transformado en una búsqueda de la mitad que nos falta. Pero cuando hallamos esa parte que nos falta, "la media naranja", la mayoría de nosotros emprendemos la irónica y frustrante tarea, de reformar a ese compañero o compañera a nuestra imagen y semejanza. Como lo comprueba la experiencia, tal esfuerzo es inútil. Si no hay una combinación de ambas personalidades, por medio de la comunicación y la comprensión, la personalidad de un compañero se expresará a expensas de la del otro. Y entonces, la pregunta que surge es: ¿a cuál de *nosotros* se parecerá más nuestro *matrimonio*?

Este comportamiento es aún más curioso cuando tenemos en cuenta que por lo general, inicialmente nos atrae alguien diferente porque nos gusta la "frescura" de otra forma de ser, de un nuevo estilo de personalidad.

A medida que examinamos las semejanzas y las diferencias

de tipos de personalidad en una combinación de dos personas, no necesariamente una pareja, es importante tener en cuenta el modelo de conducta humana el el primer capítulo. Quizás quiera usted volver a repasarlo rápidamente para tener aquella imágen en mente.

Observe que los **D** y los **S** son opuestos, como también los **I** y los **C**. Las demás combinaciones de dos personas, tienen por lo menos un rasgo en común:

D con **I** - orientado hacia la tarea y extrovertido (**D**)
orientado hacia las personas y extrovertido (**I**)

D con **C** - orientado hacia la tarea y extrovertido (**D**)
orientado hacia la tarea y reservado (**C**)

D con **S** - verdaderos opuestos, poco en común

I con **D** - orientado hacia las personas y extrovertido (**I**)
orientado hacia la tarea y extrovertido (**D**)

I con **S** - orientado hacia las personas y extrovertido (**I**)
orientado hacia las personas y reservado (**S**)

I con **C** - verdaderos opuestos, poco en común

S con **C** - orientado hacia las personas y reservado (**S**)
orientado hacia la tarea y reservado (**C**)

S con **I** - orientado hacia las personas y reservado (**S**)
orientado hacia las personas y extrovertido (**I**)

S con **D** - verdaderos opuestos, poco en común

C con **S** - orientado hacia la tarea y reservado (**C**)
orientado hacia las personas y reservado (**S**)

C con **D** - orientado hacia la tarea y reservado (**C**)
orientado hacia la tarea y extrovertido (**D**)

C con **I** - verdaderos opuestos, poco en común

Como se ha visto, los tipos más opuestos son los **D** y los **S**; y los **I** y los **C**". Por lo tanto, ¿Por qué se atraen?

Por lo general los **D** se inclinan hacia los **S** porque a los les gusta dirigir, mientras que a los **S** les gusta seguir. Los **S** tienden a acercarse a los **D** porque a veces los **S** se sienten inseguros mientras que los **D** irradían confianza.

Los **I** se inclinan hacia los **C** porque los **C** saben analizar las cosas *sistemática* y lógicamente, mientras que a los **I** les gusta pasarla bien *espontáneamente*. Los **C** tienden a acercarse a los **I** porque los **C** son más serios pero están tratando de alegrar un poco más su vida.

Claro que éstas no son las únicas características opuestas que existen. En la relación anterior observe la forma en que las combinaciones de características se relacionan y difieren. Algunas son extrovertidas, otras reservadas. Algunas están orientadas hacia la tarea, otras hacia las personas. La mayoría de las personas, aunque no se den cuenta, se sienten atraídos a alguien que puede completar "su media naranja" o "compensar" sus debilidades.

Un **D** dispuesto a tomar riesgos que es **diligente**, **duro** (exigente) y **dominante** puede sentirse atraído a un **C** por su estilo cauteloso y calculador. Un **I** que puede **influenciar** e **impresionar** a los demás puede sentirse atraído a un **S** por su estilo **sosegado**, **servicial** y **estable**.

Ya que todos somos individualmente una mezcla de **D-I-S-C** en mayor o en menor medida, podemos complementar nuestras fortalezas mutuas y compensar mutuas debilidades. La combinación singular de mi estilo con el suyo nos permite estar más equilibrados al relacionarnos con los demás. (El problema se presenta cuando nos concentramos en nuestras debilidades mutuas y no en nuestras fortalezas.)

Yo mismo soy una mezcla **I/D**. Por lo tanto mis habilidades relativas a las personas son más fuertes que mi orientacion a la tarea. Estoy consciente de eso, y me doy cuenta que tengo que concentrarme más intensamente en las tareas (es decir, en completar la tarea) que en relacionarme con personas (lo cual me nace de forma natural; ¡me encanta esta parte de mi vida!) No ha llegado aún el día en que tenga que mirar al espejo y recordarme "Acuérdate de hablar y ser amistoso con cuantas personas veas hoy". Todo eso ocurre sin pensar porque es parte de mi estilo de personalidad. Pero sí tengo que recordarme a mí mismo: "¡No te olvides de ir al trabajo! Asegúrate de completar las tareas necesarias. Planea tu trabajo y trabaja de acuerdo a tu plan!"

Una mezcla **D/C** sería precisamente lo contrario. Las habilidades relacionadas con lograr una tarea surgen naturalmente para estos tipos. Sin embargo, deben concentrarse en las habilidades de relacionarse con personas. Si no, al cabo del día no le habrán prestado atención a nadie. Cuando uno pasa al lado de ellos, parecen fríos y distantes, aunque en realidad, sencillamente están absortos en sus tareas.

El tipo **D/C** esta orientado a la tarea, mientras que un **I/S** está principalmente interesado en las personas. El tipo **D/C** trabaja bien en comités de planificación. El tipo "**I/S** trabaja bien en comités de bienvenida. El **D/C** suele carecer de habilidades para tratar a la gente, mientras que el **I/S** necesita estar más orientado a la tarea. Los tipos **D/C** y los tipos **I/S** se atraen mutuamente por sus diferencias, y eso es positivo, pero esas diferencias pueden llegar a ser irritantes a medida que se relacionan, y eso es negativo. Mientras que el **D/C** se concentra en completar el trabajo, el **I/S** se concentra en preparar a las personas y en desarrollar mejores relaciones. ¿Se da cuenta de lo que ocurre? En realidad el uno necesita al otro para mantener el equilibrio, pero es más difícil reconocer una necesidad si uno no la quiere ver o *si uno no ha tenido la capacitación para reconocerla.* (¡De ahí la necesidad de leer este libro!)

La mezcla **D/I** (**dominante** e **inspirador**) es *extrovertida* y *orientada tanto hacia la tarea* como hacia *las personas*. Fácilmente se sienten atraídos al tipo **S/C** (**servicial** y **cauteloso**) quien es *reservado* y a la vez *orientado hacia la tarea y hacia las personas*.

Con frecuencia quedo sorprendido de la manera en que una gran cantidad de iglesias se gobiernan, sin tomar en cuenta la necesidad de "compensar" unos estilos de personalidad con otros. Para las juntas directivas, eligen sus congregaciones a líderes en el mundo de los negocios que son fuertes y pujantes, suponiendo que van a juntarse y a cooperar en grupo. Estas personas no llegaron a los puestos que ocupan por trabajar en un grupo. Como resultado, en vez de ayudar a sus iglesias, la dividen. Un mejor equipo de liderazgo estaría integrado por algunos **D**, algunos **I**, algunos **S** y unos **C** quienes estudiarían las cuestiones desde todos los puntos de vista para tomar decisiones que beneficien a todos.

Las mezclas más difíciles ocurren cuando las personas tienen una mezcla **D/S** o **I/C** dentro de sí. ¡Son una contradicción ambulante! (Recuerde que anteriormente comenté que las mezclas **D/S** e **I/C** eran las que ocurren con menor frecuencia. Aunque sean poco comunes, son posibles.) Dichas personas pueden verse muy confundidas internamente, hasta que logran una comprensión de sí mismos. Una persona **D/S** quiere ser la responsable (**dominante**) pero realmente le gusta ayudar (**servir**). Al ser los responsables de algo, se sienten frustrados cuando nadie ayuda. Al ayudar, están frustrados cuando no hay quien dirija.

La persona **I/C** realmente ama a las personas (**inspirador**), pero reconoce cuán importante es investigar los hechos y hacer el trabajo correctamente (**cauteloso**). Cuando se están divirtiendo se sienten culpables por no estudiar. Cuando están estudiando, se siente culpables por el deseo que tienen de estar divirtiéndose con la gente.

Técnicamente, éstas no son "dobles personalidades". Son más bien personas que tienen una mezcla que les es difícil entender. El hecho de interpretar las señales contradictorias de su temperamento les causa a ellos (y a sus amigos) gran frustración. Les he proporcionado consejería a varies individuos de estos tipos. Quizás ellos más que cualquier otra mezcla sienten un enorme alivio cuando por fin se dan cuenta de lo que está ocurriendo en su interior. Como resultado, sus conflictos internos hallan solución.

Una mezcla **D/S** es singular en que es *extrovertida* y *orientada a la tarea en ciertos momentos*, mientras que en otras ocasiones es *reservada* y *orientada hacia las personas*. Estas personas son tanto recias como suaves. Consideren la vocación de enfermera que requiere que uno sea firme y suave a la vez.

Una mezcla **I/C** es singular en que es *extrovertida* y *orientada hacia las personas* en algunos momentos, mientras que es *reservada* y *orientada a la tarea* en otros. Estas mezclas pueden ser el alma de la fiesta y también pueden ser el trabajador más persistente en la oficina cuando quieren completar un proyecto. Piense en un buen vendedor, cálido y amigable, capaz de hacerlo sentir bien a uno, mientras que también maneja cómodamente los detalles relacionados con completar la venta.

Nuevamente, las mezclas **D/S** o **I/C** son poco frecuentes, pero existen. Por lo general, alguien que es en primer lugar un **D** es en segundo lugar un **I** o un **C**. Y alguien que es en primer lugar un **I**, puede en segundo lugar ser un **S** o un **D** Asimismo, aquel que es en primer lugar un **S**, podrá ser en segundo lugar un **C** o un **I**. Y quien sea en primer lugar un **C**, por lo general es en segundo lugar una **S** o un **D**. Remítase al círculo del modelo de la conducta humana en el Capítulo uno y verá como se produce la relación entre los factores primarios y secundarios en los tipos adyacentes.

Personalmente, creo que es mejor mirar a las *dos características principales* para ver un cuadro más certero y esclarecedor de uno mismo, y no enfocarse en un solo tipo. Como se ha mencionado previamente, un 80% de la población general tiene dos tipos que son primaries en su estilo de personalidad. Y esto, repito, constituye su "mezcla" singular. En mi perfil de personalidad, mi **I** y mi **D** están por encima de la línea media, y mi **S** y mi **C** están por debajo. En mi mente imagine que debo constantemente esmerarme por *bajar* mi **I** y mi **D**, (limitar mi actividad social) y *aumentar* mi **S** y mi **C** (lograr tareas).

Cuando por fin capté este dinámico concepto, pude comprenderme a completamente por primera vez. Durante la mayor parte de mi vida de adulto yo estaba frustrado interiormente y desilusionado por sentir como sentía. Intenté con todo mi alma ser lo *contrario* de lo que era. Pero nada funcionaba. Ahora, en vez de concentrarme en *cambiar* como soy, me concentro en controlar mi conducta. ¡Aún puedo amar a las personas mientras realice mi trabajo! Estoy aprendiendo a funcionar conmigo mismo en vez de encontrarme a mí mismo. Tristemente, muchas personas me han contado que han llegado a ser sus peores enemigos obrando de una manera contraproducente a su buen desarrollo, porque carecen de la comprensión de la forma especial que fueron creados . Espero que esta información abra sus ojos para que logre ser verdaderamente una persona equilibrada y realizada.

Una vez que usted haya identificado y entendido su estilo de personalidad único, podrá reconocer sus fortalezas y crecer en el área de sus debilidades, y así beneficiarse enormemente. Como se remarcó anteriormente, las relaciones que tenemos con los demás son la principal fuente de alegría en nuestras vidas, y a la vez, la causa primordial de nuestro dolor. A punto de morir nadie dice "¡Oh, si sólo hubiera podido dedicarle más horas al trabajo!" La vida es demasiada corta y las relaciones son demasiado preciosas como para pasarlas por alto. Espero que usted aprenda a útilizar estos conocimientos en su vida díaria. Serán las herramientas indicadas para superar innumerables obstáculos en sus relaciones. No me cabe duda que lo beneficiarán.

Si quiere recibir un análisis del estilo de personalidad para descubrir la mezcla singular de **D-I-S-C** que tiene usted, puede encargar el instrumento de evaluación personalizado (*Informe de Descubrimiento*) que proporciona Personality Insights. Al final de este libro, encontrará más información.

Por mi parte, he completado un análisis del estilo de personalidad para cada uno de los miembros de mi familia y mi equipo de trabajo, uso esta información para tratar a cada persona diferente, de la manera que más se adapte a su personalidad única.

Dr. Robert A. Rohm

El aula como escenario

Ahora veamos los tipos de personalidades "en acción" en el escenario de una clase.

La señorita Jacinta, la maestra, está al frente de la clase, lista para comenzar la lección del día. Desde el inicio, se encuentra en desventaja porque desconoce los diferentes tipos de personalidades. Ella pregunta: "Alumnos, ¿quién descubrió América?" Diego, un D alto dice de sopetón: "¡Colón!" La maestra, con cara de pocos amigos, le dice: "Diego, pero ni siquiera levantaste la mano". El le responde "Pues como usted hizo la pregunta, yo pensé que quería una respuesta". La maestra está fuera de sí.

Nuevamente les dice, "Bueno niños, ¿quién descubrió América?" Ignacio, el I alto, levanta la mano "sacudiéndola" a más no poder, para llamar la atención. La maestra suspira y dice, "Bueno Ignacio, ¿quién descubrió América?" y él le contesta ¿No me podría dar una ayudita?" La señorita piensa, "¿Cómo puede un alumno levantar la mano sin saber la respuesta?" El problema que tienen yace en la percepción: ella preguntó "¿Quién descubrió América?", pero lo que escuchó Ignacio fue "¿Hay alguien que quiera hablar?"

¡Esto es exactamente lo que él escuchó!

La maestra se acerca adonde está Susanita, una S alto. Le

tiene que pedir a la niña que conteste porque nunca se ofrece voluntariamente. La señorita Jacinta le pregunta, "Susanita, ¿quién descubrió América? "Y ella le responde, "Pues, al leer este material y hacer la tarea que usted me asignó anoche, parece, aunque quizás me equivoque y no quiero ofender a nadie, y si alguien no está de acuerdo conmigo está bien, o si alguien más quiere responder en mi lugar, le cedo la palabra porque probablemente ya me he demorado demasiado, pero yo creo... este, ¿no fue Colón?" Y la maestra se pregunta "¿por qué se sentirá tan intimidada?"

Luego la maestra interroga a Clara, la **C** alto. Ella responde "Quién descubrió América... pues no estoy segura de entender la pregunta. Usted quiere que diga que fue Colón... Pero es que antes de llegar Colón, había indígenas y antes de los indígenas estaban los vikingos. De modo que no entiendo bien la pregunta".

A esta altura, Diego grita "¡Deja ya eso Clara!, nos vas a volver locos a todos. Haces esto una y otra vez". Ignacio, notando que se va intensificando la situación dice "huy, ¡qué bueno se está poniendo esto!... se está armando una pelea". En voz muy baja Susanita dice "Es culpa mía. Fui yo quién causó todo esto". La señorita no entiende lo que está pasando, pero empieza a sentirse frustrada.

Si lamaestra entendiese la interacción de las personalidades, cuando Diego gritó "Colón" ella le podria haber dicho, "Bien Diego, me alegro de quo sepas la respuesta..." (hubiera además *supuesto* que lo gritaría). "Diego, me alegro de que estés en mi clase. Cuando crezcas serás presidente del alumnado, o el capitán del equipo de fútbol. Incluso es posible que cuando crezcas seas mi pastor. Diego, la clave de tu vida es el control propio, y mi función aquí es ayudarte a desarrollarlo. La próxima vez que vayas a contestar, levanta la mano. Te felicito por la respuesta". Ella podría orientarlo y capacitarlo de acuerdo consu personalidad. El reto para Diego sería levantar la mano, pero su *confirmación* sería que sabía la respuesta.

De igual modo, cuando Ignacio preguntó "¿Me podría dar una ayudita?", ella ya estaría lista, al reconocerlo como un **Is** acentuado a quien le encanta hablar. Aunque es posible que la maestra aún se preguntara si al niño no le faltaba una parte del cerebro por el hecho de levantar la mano sin saber la respuesta, hubiera estado lista para ayudarlo. Podría haberle dado una pista diciendo "Co... Col..." y si con eso no le salía la respuesta podría seguir con "la última sílaba rima con 'león'..." y de pronto Ignacio soltaria "¡Colón! Caray, ni siquiera sabía que lo sabía". Ambos se verían entusiasmados, y ella hubiera tenido la ocasión de darle *reconocimiento* al alumno.

La señorita le hubiera preguntado a Susanita en voz suave, "¿Quién descubrió América? No hay necesidad de entrar en mayor detalle, sencillamente dime rápidamente y yo se lo diré al resto de la clase". La alumna le hubiera respondido "Pues, ¿fue Colón?" Y la maestra le podría haber dicho, "¡Asi es! Clase, ¿escucharon? Susanita dice que fue Colón, muy bien". Este método le aliviaría la tensión o la pena a la niña, ayudándole a no sentirse tan cohibida. Luego, en otro momento tranquilo, lamaestra le podría decir a la alumna, "Te aprecio mucho. Veo que haces tu tarea y te esmeras. Sé que te puedes "perder" en la clase aveces porque hay tantas personas, pero me alegro de que estés en mi clase". ¿Nota y siente *el aprecio, la aceptación y el amor*? Para Susanita éstos son tan esenciales como lo es la luz del sol para que 'florezca' un rosal.

Obviamente, Clara tiene la necesidad de tener razón. Es por eso que tocó todas las posibilidades con Colón, los indígenas y los vikingos. La maestra le podría haber respondido "Me alegra que seas una pensadora. Probablemente cuando crezcas seas una doctora, una abogada o científica. Pero por ahora... en resumidascuentas, ¿quién descubrió América?" y Clara hubiera respondido, "Colón".

Cuando la maestra crea un ambiente propicio para el aprendizaje por medio de su comprensión de los tipos de personalidades, todos los alumnos pueden comenzar a aprender en armonía; todo se combina para funcionar bien. La maestra entiende y enseña la lección más importante: que cada estudiante es diferente... lo cual es totalmente normal. A la vez, aprende a impedir que le tiendan una emboscada.

Cada niño tiende a responder de acuerdo con los

patrones predecibles de su conducta. Cuando estos patrones son reconocidos de antemano, las maestras (y los padres) pueden funcionar en armonía con los niños en vez de perpetuar luchas por el poder. Verdaderamente, así se pueden crear situaciones provechosas para todos.

Técnicas de motivación para padres y maestros

En el medio escolar se oye con frecuencia la pregunta: ¿Cómo puedo motivar a mis estudiantes?" En un sentido, desde el comienzo de la clase, los niños *ya* están motivados para hacer precisamente lo que ellos *quieren hacer*, aunque, lamentablemente lo que ellos quieren rara vez es lo que usted desea que hagan.

En este capítulo veremos algunas técnicas que usted puede usar para crear *un ambiente diferente* en su clase, ayudando así a los estudiantes bajo su cuidado. En la mayoría de los casos, la gente hace cosas por sus propias razones. (Hasta una personalidad S sumisa tiene sus propios motivos para querer complacer ya que al hacerlo refuerza su "zona cómoda".) Si usted puede *lograr un ambiente* que predisponga a la gente a *querer responder* de una forma más favorable, creará una situación en la cual todos puedan obtener provecho.

Por ejemplo, si una madre quiere que su hijo se levante de la cama por la mañana cuando él no quiere, es posible que no lo logre sin que antes surja un conflicto entre ellos. Pero si la casa se estuviera quemando y ella lo despertara y le dijera: "Hijo, creo que debes saber que... ¡se acaba de quemar tu armario!", él recurriría a su propia "motivación instantánea" para pegar un salto y pararse de una vez. ¿A qué se debe la diferencia? Sencillamente, al cambio de ambiente.

Dedicamos este capítulo a explicar cómo trabajar con su ambiente; cómo *crear un clima* que coloque a los estudiantes en una posición más propicia para madurar; que los animé a ser los individuos responsables que se supone deben de ser.

Técnicas de motivación para el D

El **D** necesita un desafío junto con cierto control. En el aula o en el hogar, es necesario darles oportunidades para liderar. Asígneles un capítulo o una unidad de estudio para que ellos se lo enseñen a la clase bajo su supervisión: darán la talla. Además, lo respetarán a usted por darles la oportunidad para crecer; es lo que quieren y necesitan. Son personas que se concentran en el resultado final, pensando en términos de "¿**qué**?" Permítales que participen activamente llevando a cabo los acontecimientos.

El mejor modelo de "aprendizaje" se encuentra en el aprendizaje de oficios. Hace años, los jóvenes trabajaban al pie de un artesano diestro mientras aprendían su oficio. Como maestro, usted puede valerse de esta técnica comprobada para ser un mentor. (Sin embargo, la meta es distinta; quizás sus estudiantes no quieran ser maestros. Por lo tanto el objetivo suyo es modelar el "equilibrio en el género humano"). Un **D** llega a ser un líder, positivo o negativo; usted puede ayudar a agudizar sus habilidades y encaminarlo hacia lo positivo.

Al trabajar con estudiantes tipo **D**, recuerde que no sólo necesitan el espacio para crecer, también necesitan espacio para fracasar. Probablemente a ellos les vaya mejor en el momento de emprender el proyecto que en su culminación. Sea totalmente claro en los límites que establece; mejor si lo hace por escrito, para que entiendan precisamente lo que se espera de ellos. A medida que vayan adquiriendo el sentido de que el proyecto les pertenece (que tienen cierto control) se motivarán trabajando con usted en una misma dirección, en vez de fomentar la discordia. Los tipos **D** están llenos de energía nerviosa. Algo les está ocurriendo constantemente, ya sea interna o externamente. Cuando consideran que son en parte integral del proyecto, serán de gran ayuda y no un impedimento.

Para los **D** es imprescindible que usted sea lo más constante y justo posible. Se sienten engañados cuando las reglas se cambian a medio camino. Como maestro o como padre, dígales que tienen el derecho de expresar sus sentimientos de un modo cortés; que usted está dispuesto a escucharlos, siempre que respondan con respeto y no con enojo.

Imagínese al tipo **D** enseñando una unidad de estudio como se sugirió antes. Esto requiere que usted invierta un poco más de tiempo y energía al comienzo, pero será de gran provecho a largo plazo. El estudiante **D** responderá al desafío y probablemente dará una buena presentación y de paso, usted no lo tiene que hacer. Como beneficio secundario, se creará un mejor ambiente. Los estudiantes estarán aprendiendo el uno del otro (fomentando así una competencia saludable), en vez de aprender siempre del maestro (una figura de autoridad). Sin embargo, tenga cuidado: ¡es posible que su **D** desempeñe el trabajo mejor que usted!

Cierre el proyecto dándole al estudiante una evaluación "profesional". Comparta sus palabras de ánimo públicamente, delante de la clase, y sus "sugerencias" para mejorar en privado. (Alabe en público... reprenda en privado.) Proporciónele a menudo otras oportunidades para que sea líder o para que enseñe. Recuerde que la idea es crear un ambiente en el cual el **D** sienta que usted está de parte de él. Llegará a ser su mejor partidario y ayudará a resolver los problemas de conducta en el aula.

Técnicas de motivación para los **I**

Los tipos **I** necesitan reconocimiento, de tal modo que que proporcioneselo. Les encanta divertirse en la escuela y adondequiera que vayan. Con frecuencia son identificados como los "payasos" del aula. Usted puede evitar las interrupciones del I aprovechando eldeseo que tienen de ser el centro de atención, como líderes enérgicos y extrovertidos.

Pídales a los estudiantes I alto que inventen un juego para la clase. Les encanta la oportunidad de probar cosas nuevas. Déles un capítulo o una unidad de estudio en un área particular (historia, español, matemáticas, ciencias) y pídales que creen un juego para la clase. Quizás quieran basarlo en uno que ya conocen, o quizás quieran inventar alguno completamente nuevo. Déles la libertad suficiente para que tengan éxito o para que fracasen. El resultado será una tremenda experiencia deaprendizaje para ellos y también para el resto de la clase. (Dicho sea de paso, hay personas que se han hecho millonarios inventando juegos educacionales, más aún, si se popularizan. Es posible que tenga una mina de oro en su clase.)

Recuerde que los I piensan en términos de "¿**quién?**" Ellos quieren, no sólo participar personalmente, sino que también participen muchas personas en sus proyectos. No sólo los niños, también las personas adultas aprenden y se motivan más cuando participan en actividades grupales. Actividades como los llamados "juegos de representación", "dramatizaciones" y otros, que se caracterizan por la interacción de las personas que participan en actividades conjuntas, han demostrado su efectividad en el aprendizaje, en el comportamiento de los estudiantes en el aula y en su motivación.

A los niños de tipo I alto les hace falta una mano firme, con pautas específicas. Como en el caso del niño **D**, haga un "acuerdo detallado" por escrito, para eliminar la posibilidad de males entendidos. Cuanto más claras estén las pautas y los objetivos a lograr, mejor les irá a todos.

No escatime sus palabras de ánimo ni tampoco las fechas límites para completar las partes del proyecto. Por ejemplo, si se determina el lunes que un estudiante va a preparar un juego que se usará de lección el viernes, establezca un control diario para confirmar que está avanzando a un ritmo apropiado. De otro modo, seguramente no dará resultados. El alumno lo irá postergando hasta el último momento, y entonces le será imposible completarlo.

Usted debe comunicarles a sus estudiantes el siguiente mensaje: "¡Creo en ustedes!" Si lo hace, ellos lograrán su cometido. Si por cualquier motivo les va mal, vuelva a darles enseguida la oportunidad de intentarlo. A los tipos I les disgusta fracasar porque sienten que van a perder la confianza en si mismos. No confirme ese triste sentir "dándolos por perdidos", o negándoles nuevas oportunidades si les va mal la primera vez.

Por último, a los niños I les hace falta libertad para expresar verbalmente sus ideas sin preocuparse de ser criticados. Con frecuencia sus ideas, planes y proyectos son poco realistas y bastante exagerados. Pero con la misma frecuencia, sencillamente les hace falta el tiempo necesario para desarrollarlos y concretarlos. Hágales saber que usted está a favor de ellos y que cree en ellos. Entonces, podrán florecer como rosas. La mayoría de los I alto hablan mejor de lo que piensan. No cabe duda de que son mejores habladores que realizadores. Permita que sean ellos quienes desarrollen la forma de expresar verbalmente sus habilidades educacionales por medio de juegos y actividades físicas. Los demás estudiantes aprenderán mucho y se divertirán en el proceso.

Técnicas para motivar a los S

El tipo de estudiante S necesita aprecio; también saber que está haciendo lo que usted espera de él. No le gustan las sorpresas ni que lo pongan en un apuro, como pidiéndole que responda a una pregunta en público. Es probable que no quiera estar al frente de la clase, por eso, la mejor forma de ayudarlo es que él lo ayude a usted.

Para los S la estabilidad es importante. Aunque no lo digan en voz alta, están pensando: "No se apresure en esta explicación, Quiero captar lo que está diciendo. Ayúdeme paso a paso".

Les encanta complacer. Piensan en términos de "**cómo**" quiere usted que se hagan las cosas. Por lo tanto, el ambiente que más los motiva es aquél que propicia a que se conviertan en su ayudante. Un día, cuando estaba dando el "Análisis del estilo de personalidades para niños" en una clase, noté que un niño **S** estaba aterrado porque se encontraba en una situación desconocida. Le dediqué tiempo, y le dije que sería mi "asistente". Permití que me ayudara a repartir los lápices, los cuadernillos y otros materiales. Esa noche en la reunión quo hicimos con los padres, su madre me contó cuánto lo había ayudado. Al regresar a su casa, le había dicho a su madre: "¡Mami, cuando crezca quiero ser *asistente!*" Le hacía falta sentirse más seguro por medio del cariño, con algo que le diera estabilidad en una situación desconocida.

A los **S** les hace falta trabajar a su propio ritmo. Les va mejor cuando no se sienten apurados, cuando están en un entorno de "paz" y no de conflicto: cuanto menos mejor. Necesitan un espacio propio que les permita funcionar dentro de sus límites. Si usted les deja corregir los ejercicios y tareas, o anotar información en el libro de calificaciones, explíqueles claramente cuánto tiempo tienen para hacerlo y lo que quiere que hagan.

Por último, como los **S** son tan callados y tranquilos, probablemente van a requerir de usted (más que el resto de los estudiantes), un esfuerzo adicional para no perderlos de vista y para asegurarse de que siguen el desarrollo del tema. No son presumidos, pero tienen un deseo secreto de ser útiles. Como su maestro o como su padre, usted puede enriquecer su vida dándole la oportunidad de que lo ayude, mientras se van desarrollando en él sus habilidades y en tener confianza en si mismos.

Ténicas de motivación para los **C**

Al estudiante **C** le hacen falta respuestas de calidad. El es curioso y constantemente se pregunta "**¿por qué**?" Usted puede ayudar a un alumno de este tipo a destacarse colocándolo en un ambiente donde exista la libertad para explorar lo desconocido. Asígnele un tema a investigar para que luego le dé un informe a la clase. Presente este proyecto como una "aventura de investigación" y el estudiante **C** emprenderá vuelo. Para ellos la investigación es una aventura.

Con frecuencia tienen muchas preguntas no contestadas, de las cuales algunas pueden representar una gran molestia para usted. Tengo una lista de preguntas que han hecho los **C** a lo largo de los años: "Ya que Adán fue la primera persona creada, ¿tenía ombligo?" "Los primeros árboles que Dios creó, ¿tenían anillos anulares?" "Si todo va a ser perfecto en el cielo y no habrá maldad allí, ¿cómo sabremos qué es bueno, si no hay nada malo con lo cual compararlo?" Todas son buenas preguntas, ninguna de las cuales me atrevo a contestar.

Los tipos **C** necesitan plena libertad para hacer sus preguntas sin temor de que alguien se burle de ellos. No importa si son buenas o no sus preguntas. La cuestión es que tienen que sentirse con la libertad de hacerlas.

Cuando les dé como tarea una "aventura de investigación", asegúrese de que sus instrucciones sean claras; quizás sea necesario repetirlas varias veces. Es probable que el estudiante **C** haga más de lo que se le ha pedido. Tenga en mente que los **C** tienen dificultades con los plazos de tiempo porque quieren seguir buscando más información. Sienten que podrían mejorar su investigación si la revisasen *una vez más*.

Su trabajo será de calidad. Por lo tanto, asegúrese de tomar esto en cuenta al poner las notas. Por lo general, no les hace falta un promedio más alto, porque con seguridad ya tienen buenas notas. Pero, el hecho de compensar su trabajo exceptional con un puntaje que lo refleje, los anima y representa para ellos un aprecio "adicional" y les ayuda a "saldar las cuentas".

Recuerde que los **C** no aceptan bien las críticas. Tienen un deseo intenso de que su trabajo entero esté bien hecho. Si usted le encuentra algún error, dígales, "Este trabajo está excelente. Quizás quieras revisar esta parte (señalando el error)". Es preferible *dirigir suavemente* su atención a la información adecuada o hacia las respuestas que buscan, que decirles secamente que se equivocaron. Pero, si la corrección "viene de ellos" se alegrarán de haberlo notado. Permítales que expresen oralmente sus hallazgos al resto de la clase. Esta técnica les ayudará a los demás estudiantes a ver el valor que tiene y lo divertido que es aprender por cuenta propia.

Resumen

Cada niño es singular. No existe un método para motivar a todos de la misma manera. Sin embargo, el hecho de ver los proyectos a través de los filtros y las perspectivas de los distintos tipos de personalidad, aumenta notablemente sus posibilidades de tener éxito. Por favor, note que hay una gran diferencia entre *motivar* a alguien, ayudándolo a desarrollar sus habilidades naturales, y el *manipularlos* a que hagan lo que usted quiere que hagan para saciar sus propios motivos egoístas. Aquélla forma se concentra en ayudar al individuo, mientras que ésta última se concentra en satisfacerlo a usted.

Aunque vaya "en contra" de su propio tipo de personalidad, acepte este desafío personal para ampliar su visión, partiendo de ver y hacer las cosas como *siempre* lo ha visto y lo ha hecho, para llegar a crear ambientes interesantes y motivadores para el crecimiento y el aprendizaje de sus alumnos. Usted puede llevarlos al futuro por medio de aplicaciones creativas, innovadoras e ingeniosas de estos principios para descubrir su verdadera personalidad.

Aplicaciones prácticas para los D

Los D deben desarrollar las habilidades necesarias para llegar a ser parte integrante de un equipo. Aunque tienen fuertes deseos de asumir la dirección de las cosas, lo cual también puede impulsarlos a hacer las cosas solos, deben desarrollar las habilidades necesarias para cooperar como integrantes de un grupo. En realidad, los D pueden hacer algunas cosas mejor solos, pero pueden tener una influencia mayor como miembro de un equipo. Además, pueden alcanzar mayor estabilidad y bienestar emocional cuando saben relacionarse y cooperar con los demás.

Los D deben tomar consciencia de la necesidad de incluir a otras personas en sus procesos de toma de decisión. Si quieren tener éxito como líderes, deben reconocer las necesidades e impulsos de los demás. Puede ser desesperante trabajar con aquellos D que rehusan desempeñar un papel secundario; actitud ésta que manifiestan sin darse cuenta, porque no comprenden sus propias emociones y acciones. En casos como éstos, sera útil emplear un enfoque positivo para explicarles por qué tienen esos impulsos dominantes y ese grado de determinación.

Opciones, no órdenes

Como a los **D** no les gusta que les digan lo que tienen que hacer, es importante darles opciones o alternativas. En lugar de decirle a un niño **D** que *debe* acostarse a las nueve de la noche, es mejor decirle que puede *escoger* entre acostarse a las ocho y media o a las nueve. Pregúntele: "¿Qué hora escoges?"

Explíquele que, por ser su padre, usted tiene la responsabilidad de darle orientación. Muéstrele la actitud de un líder cariñoso, simpático pero justo. Enséñeles a ser responsables, permitiéndoles que tomen algunas decisiones por sí mismos. Asegúrese de que se den cuenta de que hay consecuencias, si eligen no actuar de manera responsable y también llegue a un acuerdo previo con ellos sobre las medidas de disciplina que van a recibir, en caso de que quebranten las reglas.

Aprenda a hacer preguntas y no a hacer declaraciones dogmáticas: "¿Cuánto tiempo crees que necesitas para hacer la tarea?" resulta mucho mejor que decirles: "Debes emplear por lo menos una hora para realizar la tarea". Con frecuencia (y debo añadir, por más extraño que parezca), el niño va a sugerir más tiempo del que usted le hubiera exigido. Cuando diga: "Dos horas", sencillamente sonría, déle un abrazo y dígale: "Una hora puede ser suficiente, pero emplea el tiempo que necesites". Más tarde o más temprano sus hijos van a crecer, y cuanto más pronto acepten responsabilidad por sus acciones, mejor. Recuerde... haga preguntas y no declaraciones dogmáticas. ¡Inténtelo!

No permita que los **D** lo controlen. Ellos necesitan parámetros para sus conductas y acciones. Ya que siempre van a tratar de sobrepasar los límites, es bueno hacerles saber a partir de qué punto es "pasarse". Defina su "línea de acción" antes de que lo lleven a su "punto de enojo". De esta manera, no estará reaccionando de manera irracional sino haciendo valer los límites; así, los niños van a aprender a responder a los *límites* y no a las *amenazas*. Los **D** necesitan urgentemente buenos modelos de control propio. Demuéstreles cómo mantener las emociones bajo control, permaneciendo calmado.

Ser dócil no es ser débil

A los **D** hay que enseñarles que ser dócil no es muestra de debilidad. Jesús, el hombre más poderoso que haya existido jamás, era dócil. La docilidad consiste realmente en mantener el poder bajo control. Cuanto más difícil resulte mantenerse bajo control, más poderosa será la docilidad.

Seguir la corriente y ser como cualquier otra persona no requiere poder o fuerza personal; ser diferente y hacer lo que está correcto sí requiere un poder real. Cualquiera puede "explotar". Los que son realmente dóciles son capaces de controlar sus sentimientos y acciones. Los **D** que tienen problemas con su ira deben literalmente alejarse de una situación explosiva: no deben hacer lo que les surge de forma natural o lo que sienten que les gustaría hacer. Con seguridad, sería lo peor que un **D** pudiera hacer.

No presione a los **D** porque tienen la tendencia a responder como animales salvajes que han sido acorralados: ¡atacan! Proporcióneles una salida mediante una opción, o negociando un acuerdo que les permita salvar su dignidad y no sentirse intimidados.

Someterse a la autoridad

Los **D** deben aprender a respetar las figuras de autoridad en sus vidas, como los policías, los maestros y los jefes, aún cuando les parezca que estas personas les complican la vida.

Los **D** no disfrutan siendo sumisos. Algo en su interior clama por la independencia y anhela la libertad. Por eso, el tormento mayor que pueden experimentar es el sometimiento de sus emociones y de sus acciones. No obstante, la verdadera libertad proviene de la sumisión a la autoridad y no del enfrentamiento a ella.

No podemos tener autoridad mientras no aprendamos a

someternos a ella. Aun las personas más poderosas del mundo operan bajo algún tipo de autoridad. Tendremos más éxito, una vez que aprendamos a trabajar *dependiendo* de otros, y no con *independencia* de ellos.

Cuando los **D** responden mal, en realidad pierden autoridad porque se exponen a que los demás dejen de respetarlos. Ceden su poder, su control y su influencia. Aunque muchos **D** consideren la sumisión como una debilidad o cobardía, el hecho de someterse a la autoridad les dará una enorme oportunidad para aprender cómo realmente opera "la fortaleza de carácter cuando está bajo control". Es imperativo que los **D** acaten el principio de respetar la autoridad.

Expresión de los sentimientos

Los **D** también necesitan aprender cómo expresar sus emociones sin "estallar". El hecho de que sean una "polvorilla", o que tengan mal genio, les ocasiona dificultades. Cuando uno se enfrenta a la oposición, uno debe elegir entre *responder* y *reaccionar;* ¡hay una gran diferencia entre las dos! *Responder* es utilizar el conocimiento de las necesidades y los sentimientos de los demás para expresar lo que usted necesita decir; *reaccionar* es decir lo que viene a su mente, sin considerar cómo puede afectar a los demás. *Responder* es como desactivar la dinamita, mientras que *reaccionar* es como encender la mecha. Cuando respondemos, en vez de reaccionar, permanecemos bajo control. Aprender a responder de forma apropiada quizás sea el mayor reto que pueda enfrentar un **D**.

Dada la actitud del **D** hacia la fortaleza de carácter, puede interpretar el llanto como un signo de debilidad. Sin embargo, la expresión de los sentimientos -el permitirse a sí mismo ser transparente con los demás - puede ser a veces muy útil... e impactante.

Quebrantado por la crisis

Una dificultad que la mayoría de los **D** enfrentan es no haber experimentado el quebrantamiento de su orgullo. Son tan engreídos que pueden perder efectividad al no identificarse con los demás y ayudarlos a satisfacer sus necesidades. ¡Los tipos **D** piensan que todo el mundo debe ser como ellos! Quieren controlar todo lo que los rodea, al as personas y alas cosas, pero primero, deben aprender a controlarse a sí mismos.

Por medio de las crisis aprenden la humildad. Cuando se dan cuenta de que no son tan infalibles y poderosos como creían, pueden sentir una gran aflicción. De este estado de quebrantamiento pueden surgir con una sensibilidad y control propio mayor. Las crisis tienden a revelar cómo realmente somos. ¡Los **D** que transforman las "crisis" en "retos", mediante el control propio, pueden llegar a ser las personas más poderosas del mundo!

Dr. Robert A. Rohm

Aplicaciones prácticas para los I

A los I los impulsan sus deseos intensos de impresionar e influir en los demás. Ya que la aprobación es el factor motivador más importante para los I, es necesario encontrar maneras de reconocerles sus logros. Hable de él de manera positiva en público. Los padres deben telefonear a un amigo o pariente para compartir con ellos su satisfacción por los logros de su hijo I. Este halago debe producirse delante del niño, y la respuesta de aquél que oye debe también conllevar halago y aprobación. Todos los niños merecen este estímulo, pero los I logran progresar mucho más con el reconocimiento personal.

Los I necesitan actividades sociales

Los I disfrutan la agitación; mientras más entusiasmo mejor. Es posible que a algunos padres les cueste entusiasmarse, pero vale la pena hacerlo con un niño I. Anhelan las actividades de grupo, no les gusta jugar solos. Los motiva participar de actividades junto a otras personas, ¡cuantas más, mejor! Necesitan relacionarse frecuentemente con los demás.

Los padres que no pueden tolerar el ruido, a menudo evitan tener amigos de sus hijos en su casa. Pero los padres de los I deben atender las necesidades de interacción de sus hijos. Por ejemplo, es posible ayudar a los niños a encontrar una manera de jugar sin hacer tanto ruido y provocar tanto alboroto. Busque un programa de video entretenido y anímelos a representar una obra. Simule ser un agente de cine que descubre que el grupo tiene talento. Pídales que escriban, dirijan y actúen su representación para usted. Se mantendrán ocupados preparando la presentación. Si tiene una máquina fotográfica, saque algunas fotos. Cuando estén impresas, el niño I podrá revivir el momento contándoselo con lujo de detalles a un familiar. Toda esta actividad le dará a su hijo "I" una oportunidad de inspirar y de impresionar.

Comprenda que los niños I pueden fácilmente exaltarse. Ellos tienen la tendencia a entusiasmarse en exceso, razón por la cual muchos padres de niños I evitan las actividades en grupos. El entusiasmo es bueno, pero en exceso puede conducir a una emotividad descontrolada. Sin embargo, sus hijos necesitan más actividades sociales que otros niños, y es beneficioso para ellos la participación en grupo. Con niños pequeños, puede ser necesario supervisar las actividades que requieran compartir, porque puede que aún estén aprendiendo a relacionarse entre sí.

Actividades de grupo

Matricule a su hijo en programas de grupo con un maestro o instructor preparado. A veces este ambiente estructurado es mejor, tanto para el padre como para el hijo. Los I alto necesitan el mejor entrenamiento y la mejor disciplina posible. Hágase el hábito, no sólo de transportar a su hijo, sino de también llevar su cámara fotográfica o de video a cualquiera de las clases; tome muchas fotos. A su hijo le encantará.

Los I necesitan expresarse. El hecho de pedirles que obedezcan, sin permitirles preguntas o sin dejarlos compartir sus sentimientos, puede frustrarlos. No es que cuestionen su autoridad; simplemente necesitan expresarse verbalmente cuando sienten presión. Si se les da tiempo, algunos I se van a convencer a sí mismos de hacer lo que antes habían resistido. Los "I" no sólo le hablan a los demás dando rodeos.. . ellos se hablan a sí mismos con vueltas.

No trate de hablar más que un I. Espere con paciencia y oiga hasta que esté listo para escuchar su respuesta. Puede que no lo esté nunca, ¡así que pídale que le permita decirle algo cuando termine! ("Me gustaría decirte algo sobre eso cuando termines...") Probablemente él lo va a interrumpir y va a empezar de nuevo con un largo discurso. Espere de nuevo un rato y, entonces, recuérdele que usted no ha terminado. Puede que esto le ocurra varias veces, pero en cada ocasión, usted estará haciendo un impacto mayor y estará contribuyendo a que él llegue a mejorar sus habilidades para escuchar. Los I son grandes habladores, pero por desgracia son muy pobres oyentes y necesitan ayuda urgente en esta área.

Hablan demasiado

Una vez que los I conversadores se den cuenta de lo paciente que usted ha sido, y lo rudos que han sido ellos, usted dispondrá del tiempo necesario para compartir sus ideas. Es posible que no lo oigan bien, pero de todos modos, los hará pensar. Este proceso los ayuda a comprender mejor lo que usted está tratando de comunicar.

Con frecuencia, conviene pedirle a los I que compartan lo que ellos creen que usted les acaba de decir. No los condene o ataque por no oír, si entendieron mal. Simplemente, cuestiónese usted, quizás por no haber sido lo suficientemente claro y, entonces, exprese de otra manera lo que acaba de decir. La buena comunicación funciona en ambos sentidos.

Déles otra oportunidad para explicar lo que usted está diciendo, hasta que ambos estén de acuerdo. Los I son buenos comunicadores cuando se trata de *hablar,* pero por lo general no ocurre lo mismo cuando se trata de *escuchar* lo que se ha dicho.

Los I necesitan aprender a compartir la atención del público porque a menudo son talentosos y les gusta lucirse. Tienden a desarrollar el orgullo debido a sus fuertes deseos de que los demás los noten y los reconozcan. Estimúlelos a superar esta tendencia, al abando sus habilidades para manejar el hecho de perder con elegancia, o explicándoles lo impresionado que está al ver su disposición a desempeñar un papel secundario. Dígales que usted considera que es propio de personas generosas compartir con otras el mérito que solamente ellas merecen.

Comportamientos disciplinados

Los I necesitan aprender a estar quietos y estudiar, porque no poseen las habilidades de preparar y planificar su tiempo y sus actividades. Los I tienen el potencial para obtener buenas notas, pero a menudo no las logran porque se pasan el tiempo en actividades sociales. No asisten a la escuela con el fin de aprender mucho, sino porque van a ver a sus amigos: no les gusta perderse nada... en ningún lugar.

Los padres pueden utilizar el deseo de sus hijos I de impresionar a los demás como un estímulo para obtener mejores notas. Utilice la recompensa para mejorar su imágen propia; quizás sea apropiado ropa nueva o un teléfono propio en determinada edad. De igual forma, utilice una disciplina que motive a los I a mejorar sus hábitos de estudio; quizás funcione no permitirles el uso del teléfono hasta que terminen sus tareas. Con orientación suya, permítales participar en el proceso de fijar las reglas de su propia disciplina. Le sorprenderá lo exigentes que serán con sí mismos. Hágales preguntas en vez de declaraciones dogmáticas y ayúdeles en el proceso de elaboración de las reglas y de la toma de decisiones.

Sugiera que su hijo **I** estudie con un amigo - preferiblemente un **C** que lo estimule a ser más cuidadoso. Utilice recursos de enseñanza como videos o grabaciones para ayudarlo a prolongar su período de atención. Quizás existan excelentes videos educacionales sobre diversos temas en su biblioteca pública local. La televisión atrae mucho la atención. ¿Por qué no utilizarla para estos videos positivos?

Aunque los niños "I" tienen que aprender a estar quietos y concentrarse, busque maneras para que no tengan que estar sentados por ratos largos. Haga que estudien durante intervalos más cortos; diez o quince minutos a la vez puede ser su límite natural, sin que sea necesario el uso de medidas disciplinarias. Estimúlelos a que le digan lo que han aprendido, o mejor aún, a demostrárselo. A ellos les encanta lucirse, así que rételos a presentarle sus lecciones e ideas musicalmente o en "rap". Esto puede poner a prueba sus propios límites como padre, pero puede ser que con sus esfuerzos, ellos desarrollen la motivación que necesitan para tener éxito.

Los **I** siempre se motivan con métodos divertidos de aprendizaje como pueden ser los poemas, los trabalenguas, las canciones cantadas o interpretadas con movimientos corporales. Seguramente cada lector recordará algún poema o canción.

En muchos países latino-americanos se enseña el trabalenguas de la erre:

Erre con erre cigarro,
Erre con erre barril,
Rápido corren los carros,
Cargados de azúcar
Del ferrocarril.

Para amenizar el aprendizaje de las vocales, a veces se usa la siguiente canción infantil:

A.A.A.
Mi gatito cojo está
No sé si se sanará
o si no se morirá
A.A.A.
Mi gatito cojo está.

>

E.E.E.
A mi me gusta el café.
No se si lo tomaré
o si lo dejaré.
E.E.E.
A mí me gusta el café.

I.I.I.
El sombrero lo vendí
y saque un maravedí,
y enseguida lo perdí.
I.I.I.
El sombrero lo vendí.

>

O.O.O.
Mi hermanita bordó
un manteo preciosó
"pa" la Virgen de la O.
O.O.O.
Mi hermanita bordó.

U.U.U.
La niña del Perú
Vestidita de azul,
Con su traje andaluz.
U.U.U.
La niña del Perú.

En Puerto Rico se enseña una canción para que los niños pequeños aprendan cómo se dicen algunos objetos en inglés con una variante de la música del "Arroz con leche":

Pollito, chicken; gallina, hen
Lápiz, pencil y pluma, pen
Ventana, window; puerta, door
Maestra, teacher y piso, floor.

Hay canciones que enseñan cuentas matemáticas:
2 y 2 son 4, 4 y 2 son 6,
6 y 2 son 8 y 8 16 ...

¿No hubiera deseado usted que de niño le enseñaran con canciones? ¡Cuán valioso hubiera sido! Por qué no nos criaron con más métodos divertidos de aprendizaje? Todo depende del maestro, ¿no es verdad?

Ya que hemos útilizado la palabra "entusiasta" para describir a un niño I, creo que puede estimular a los padres de estos niños conocer el origen de este adjetivo. La palabra "entusiasta" es una combinación de dos palabras griegas: *en* y *teos* (*en* que significa "en" y teos que significa "Dios"). Al traducirlo literalmente, significa que Dios está dentro bullendo por salir. Aunque usted piense que es más probable que sea el diablo el que esté pisandole los talones, y no Dios rebosando por dentro, *ésta* es la manera en que Dios ha constituido a este niño en particular. El puede otorgarle la gracia, el conocimiento, la sabiduría, el poder y la comprensión para que lo eduque de acuerdo con su propia personalidad única. Vea más información en el apéndice al final de este libro.

Dr. Robert A. Rohm

Aplicaciones prácticas para los S

Los S responden mejor a las palabras amables y a la conducta suave. Uno debe evitar levantarles la voz o perder la calma ya que ellos necesitan la seguridad que les brinda un ambiente sin complicaciones.

Los S se alejan de situaciones inestables y de retos desconcertantes. No son personas que asuman riesgos, y se sienten incómodos ante personas agresivas. Evite presionarlos en público.

Los S no se entusiasman con facilidad. Por su naturaleza, pueden incluso, parecer desinteresados o aburridos. Es probable que los S lleguen a ser sus mejores amigos por su eterna lealtad y porque quieren permanecer junto a usted y ayudarlo de todas las maneras posibles.

Tiempo para recuperarse

Déle a los S tiempo para ajustarse. Prefieren los cambios lentos y graduales, y necesitan tiempo para responder sin que se les presione. Les disgustan las sorpresas. Si usted sabe que va a haber un cambio que afecte a un **S**, adviértaselo con tiempo suficiente para que se prepare. Una palabra con **S** que no les gusta es sorpresa. Aunque no está en su naturaleza resistirse o rebelarse, les perturbará el hecho de que no le den espacio o tiempo suficiente para adaptarse a los cambios.

El "tacto" es importante para los **S**. Quieren sentir que están en familia, por eso van a recibir con agrado que usted los salude con un abrazo o dándole un "apretón". Todo el mundo tiene necesidad de sentir el contacto personal, pero los **S** responden mejor que los demás a un toque sincero y cálido.

Aprenda a decir: "¡No!"

Una de las cosas más importantes que un **S** necesita aprender es a decir "**¡No!**"; aunque extremadamente difícil, es posible. Ellos tienden a comportarse como tontos, al mostrarse dispuestos a hacer lo que cualquiera les pide. Son vulnerables y alguien puede aprovecharse de ellos con relativa facilidad.

Un entrenamiento para ser firme y enérgico pudiera ser una ayuda para su vida práctica, porque, aunque les sea difícil, los "**S**" pueden mantenerse firmes. De otro modo, su amor por las personas y su extrema lealtad los hace el blanco de individuos oportunistas y poco escrupulosos. Los **S** deben limitar y controlar su participación en actividades voluntarias para evitar que éstas lleguen a constituirse en su "modo de vida" o costumbre.

No deben sentirse culpables por decir "No" o preocuparse por haber herido a otras personas o por haber defraudado al grupo. Otra persona puede asumir la tarea cuando ellos necesitan rehusar o declinar.

No trabaje más duro - Piense inteligentemente

Los **S** necesitan aprender cómo transformar una solicitud de ayuda que se les dirige en una "oportunidad de desafío" para los demás. Aquéllos **S** que poseen actitudes firmes y enérgicas poco comunes pueden ser un fuerte estímulo para los grupos que constantemente cuentan con ellos para que el trabajo se realice.

En lugar de ser los "salvadores" confiables o "posibilitadores emocionales", los S pueden aprender a ser lo *suficientemente audaces* como para retar a los tipos D a que se ofrezcan como voluntarios; lo *suficientemente entusiastas* como para estimular a los "I" a participar; lo *suficientemente convincentes* como para lograr que los C respondan. La posición de líder es una de las tareas más difíciles que un S puede asumir, ¡pero puede ser la demostración más poderosa que puede superar sus límites!

La tortuga increíble

Los S tienen el potencial de convertirse en tortugas cuando se refugian en sus caparazones para protegerse de los posibles peligros, de ser lastimados o golpeados.

Tomar un curso de oratoria pública es el mayor reto para un S. Les aterra la idea de pararse frente a un grupo de personas y hablarles, pero esta disciplina puede hacerlos crecer tremendamente.

La mayoría de los problemas de los S surgen de dejar que otras personas los atropellen. Pueden beneficiarse leyendo libros y escuchando programas sobre la auto estima y la actitud positiva. Zig Ziglar es uno de los mejores maestros de estos temas.

La autoayuda puede ser beneficiosa para cualquier personalidad, pero la obsesión con el yo resulta peligrosa y poco saludable. Con esto en mente, puede uno descansar tranquilo en la comprensión de que Dios *sí* quiere que nos sintamos bien con nosotros mismos. Fue Ehtel Waters, la ancianita que cantaba en las campañas de Billy Graham, quién acuñó la frase: "¡Dios no hace basura!" Estamos hechos asombrosa y maravillosamente a la imagen de Dios. Tenemos el potencial de mejorar y crecer hasta convertirnos en algo maravilloso: como una oruga en su capullo, Dios nos puede convertir en una hermosa mariposa. El nos creó para llegar a serlo.

La teología del gusano

El problema de muchas personas es que igualan su estado de oruga con el de un gusano. Necesitamos enfocarnos en lo que podemos llegar a ser y estirar nuestras alas. Necesitamos expandir nuestras emociones y acciones más allá de nuestras *zonas de confort* personal, si queremos aprender a volar. Comprendemos que el esfuerzo de abandonar el refugio de su capullo, y liberarse de sus ataduras es la lucha de la mariposa por su vida. Nadie dice que estas batallas van a ser fáciles ... ¡sino que valen la pena!

Paso a paso

El temor inútiliza a los **S**. Por lo común, se resisten a probar cosas nuevas o aprovechar las nuevas oportunidades debido al temor que sienten a lo desconocido. El centro del problema radica dentro de sus corazónes: el miedo. Aunque aveces el miedo puede ser un sentimiento saludable, puede ser también opresivo. Los "**S**" necesitan superar esas emociones, experimentar el reto y la satisfacción de aventurarse en lo desconocido.

En lugar de rechazar completamente un reto, los **S** pueden intentar pequeños pasos que los acerquen a aceptar responsabilidades. De esta manera, pueden descubrir cuán fácilmente pueden ganarse nuevas victorias. No se les debe presionar a intentar grandes retos, pero se les puede mostrar cómo pequeñas cosas pueden producir cambios positivos. Paso a paso cualquier tarea es fácil pero, a grandes saltos se vuelve muy difícil.

Enfrentarse a su temor al fracaso y al miedo a lo desconocido, por lo general, se le hace una montaña al **S**. Sería beneficioso para ellos definir el miedo como una falsa evidencia que aparenta ser real. Al eliminar su montaña de miedo, y reemplazarla con ondulantes colinas de determinación, los **S** pueden llegar a enfrentar cualquier cosa.

Aplicaciones prácticas para los C

El mejor consejo para los C es que de vez en cuando se conformen con algo menos que la perfección. Sus preguntas incesantes pueden alterar los nervios delos demás y sus necesidades de respuestas pueden provocar tensión en sus relaciones.

Puede ayudar a los demás a sobrellevar la incesante curiosidad del C reconocer la necesidad que tiene éste de comprender algo completamente. Pueden también devolverle la pregunta, ¿por qué? ("¿Por qué preguntas el porqué?") lo cual puede forzarlos a pensar sobre sus preguntas y quizás a responderlas por sí mismos.

Sabelotodo

Por lo general, los C no son irrespetuosos cuando repetidamente formulan preguntas; sencillamente quieren explicaciones. Su impulso a comprender y a cuestionar los límites les hace aparecer como rebeldes. En realidad, ellos sólo quieren entender bien las reglas para seguirla. Cuando no entienden algo, pueden llegar a ser difíciles.

Estimúlelos a considerar situaciones por sí mismos, y a emplear iniciativa para demostrar su competencia. La razón tiene mucho peso en los **C**. El problema radica en que las explicaciones que reciban los **C** probablemente suscitarán más preguntas de su parte. Así que, la paciencia es una gran virtud a la que es necesario recurrir, en no pocas ocasiones, cuando se trata a un **C**.

Los **C** tienden a estar más orientados hacia la tarea que la mayoría de las personas. Subordinan los sentimientos cuando está en juego el cumplimiento de alguna tarea; por eso, pueden decir o hacer cosas que pueden parecer frías o indiferentes. No trate de apelar a sus emociones, es mejor que apele a su razonamiento.

Reconozca que ellos tienden a ser temperamentales cuando están enfocados en sus pensamientos. No es que estén enfadados o disgustados, aunque así parezca. Déles campo para que en ocasiones no lo comprendan bien o cuestionen lo que usted dice. Comprenda que su confusión a menudo se expresa como desagrado.

Palabras que hieren

Los **C** pueden ser duros, aunque en lo posible, prefieren evitar el conflicto. Bajo presión, "tiran a matar" y no "toman prisioneros". Atacan cuando se les presiona, útilizando las evidencias que tienen a su disposición. Dicen lo que piensan y piensan acerca de lo que dicen, y con frecuencia dan en el blanco.

La característica de "decir las cosas como son" a menudo los lleva a situaciones difíciles. A la mayoría de las personas no les gusta que le digan la verdad, por eso los **C** necesitan aprender a "decir la verdad con amor". Deben aprender a ajustar su lenguaje con sensibilidad; de otra forma, van a tomar lo que para ellos es obvio, y ¡se lo martillarán en la cabeza hasta herirlo!

Ya que los **C** tienden a preocuparse más que los demás, es importante que se rodeen de personas más optimistas. (Un **C** y un **I** pueden formar una buena combinación, si quieren hacer el esfuerzo que requiere trabajar juntos.) No se sorprenda cuando un C se impaciente con aquéllos que quieren ayudar. Tienen un don para encontrar defectos en aquéllos que los ayudan. Sienten que pueden hacer las cosas bien solos. Aunque quizás no lo disfruten al inicio, el optimismo es bueno para los C; son pesimistas por naturaleza, de modo no es fácil mantenerlos felices.

Espinas en la piel

Los C son "asesinos del entusiasmo" y "aguafiestas". Realmente les es difícil participar de juegos que consideran juveniles. Son los primeros en echarle un "balde de agua fría" a una buena idea, pero lo que dicen a menudo es muy perspicaz. Es importante escuchar los consejos de un C antes de rechazar lo que dicen porque los considera negativos.

Tenga cuidado de no perder el caudal de sabiduría de un C porque a usted le parezca antipática su actitud. Si en alguna ocasión el C fue criticado por lo que hizo o por lo que dijo, bien pudo haber quedado resentido y no aportará más comentarios. Así que de la forma en que usted responda a los hechos, dichos, preocupaciones y cautelas del C dependerá si lo estimulará a trar en confianza y a abrirse con usted, o si lo desalentará.

Los C tratan de ser, y necesitan ser, más positivos. Deberían imaginarse la vida color de rosa; deberían oler las rosas y ver el lado favorable de las cosas. De vez en cuando, los C deberían buscar el oro al final del arcoiris, en vez de protestar por las nubes, la lluvia y los charcos que la suelen acompañar. Deberían silbar, cantar y sonreír más para así ver lo mejor de la vida. Deben recordar y pasarse el día tarareando aquellas canciones alegres que se enfocan en lo positivo.

Tal como lo pensé

Puedo imaginarme lo que piensa un C mientras lee este capítulo. "¡Qué cursi.. . qué ridículo!" Pero esto es precisamente a lo que me refiero; su respuesta inicial es siempre negativa. Los C pueden tomar estas revelaciones a pecho, mejorar la calidad de sus vidas y las vidas de aquéllos que están cansados de sus actitudes pesimistas y desesperadas. El reto que la mayoría de los C tienen que encarar es que con frecuencia tienen la razón, pero la gente no quiere amigos que siempre tengan la razón; sino quieren amigos que sepan perdonar y olvidar, que se animen entre sí y no que desalienten los unos a los otros.

Poco competentes en el trato social

Los C pueden desarrollar sus habilidades sociales participando en actividades de equipo o pasatiempos en grupo. El hecho de participar de una actividad que los obligue a relacionarse con los demás y a expresar sus sentimientos, les ayuda a ser más sensibles con los que los rodean.

Por sobre todas las cosas, los C deben controlar su tendencia natural hacia la depresión, aprendiendo a controlar sus sentimientos de insuficiencia e incompetencia. Vivimos en un mundo imperfecto con personas imperfectas; ¡relájense! ¡tranquilos! Aprendan a disfrutar de la vida. No siempre se puede comprender o explicar todo lo que existe.

Los C tienden a ser las personas más competentes de este mundo. Aprenda qué piensan, y cómo se sienten, y podrá usted trabajar mejor con ellos. Si usted es un C, aprenda a apreciar los procesos mentales y los sentimientos de los demás. Va a ganar credibilidad cuando, en vez de compartir puntos de vista críticos y juicios severos, se concentre en "ganar el derecho a ser oído".

Cómo adaptarse y ajustarse a las personas

Cuando iniciamos un vínculo con otra persona que no conocemos, enfrentamos una situación similar a cuando tratamos de hablar con un extranjero en su idioma materno. Si uno sabe hablar su idioma, puede comunicarse eficazmente, pero si no puede transmitir al menos las ideas fundamentales en ese idioma, la relación no podrá seguir su curso normal.

Otmara Gonzáles, una de las traductoras de este libro, nos cuenta de una dificultad que tuvo cuando viajó al Brasil:

En mi viaje a Brasil, pude percatarme de las barreras de incomprensión que se pueden experimentar cuando uno no sabe el idioma de las personas con las cuales necesita comunicarse. No había estudiado nunca el portugués, sólo lo había escuchado en la televisión y, como había comprendido gran parte del mensaje, había deducido que las personas de habla hispana, podíamos comunicarnos con los de habla portuguesa sin grandes dificultades. Por eso, había ido con la secreta esperanza que, dadas las semejanzas entre ambos idiomas, no tendría grandes dificultades en "lograr hacerme entender", y enentenderlos a ellos, en caso necesario.

Durante el viaje hubo un percance: se suspendió el vuelo entre la Ciudad de México y Río de Janeiro, lo que provocó que llegara retrasada para el vuelo que debía conducirme a la ciudad de destino. Debía, por tanto, pasar la noche en esta última ciudad. Para lograr hospedaje en el hotel de la línea aérea, era necesario que fuera a sus oficinas para identificarme y explicar el problema. Iba muy dispuesta a explicárselo al oficial... en español, por supuesto. Pronto comprobé que el señor no entendía nada de lo que le decía, y por supuesto, tampoco entendía yo nada de lo que él me decía. Me vi en la necesidad de recurrir al universal lenguaje de signos para lograr acomodo en el hotel, conocer los horarios de los vuelos y lograr una reservación en alguno del día siguiente. Fue un impacto que me permitió ganar conciencia de la urgencia de aprender el idioma y que me estimuló a iniciar su estudio de inmediato.

Algo similar ocurre cuando queremos comunicarnos con personas con distintos tipos de personalidad. No se logra la comunicación simplemente por hablar unas palabras en el *propio* idioma. Para realmente entablar una comunicación con otra persona, es necesario aprender a hablar de tal forma que el oyente entienda. Aunque cueste creerlo, no es imposible ni difícil. Sólo requiere un poco de tiempo y esfuerzo, igual que aprender cualquier idioma nuevo. Una vez que uno comienza a practicar los cuatro puntos de vista principales (que dominan los cuatro tipos de personalidad tratados en el Capítulo 6), podrá comunicarse con mayor eficacia, y sus interacciones con los demás se transformarán en situaciones de provecho para todos. Cuando uno se comunica con los demás en el *idioma de ellos,* observará que le comprenden mejor.

Cómo proporcionar un entorno seguro

Algo notable ocurrió en el proceso de construcción de uno de los puentes colgantes más largos del mundo, el Puente Golden Gate, que cruza un canal a la entrada de la Bahía de San Francisco. Después de fallecer 23 personas por caerse de sus elevados puestos de trabajo, los obreros comenzaron a sentir temor a caerse. Con el tiempo, el proyecto se fue retrasando y casi no se progresaba. Había que hacer algo. Se instaló una red enorrne a un costo adicional de $100,000 dólares. Algunas personas lo consideraron un gasto totalmente innecesario, pero ¿que ocurrió? Aumentó la moral de un día para otro y empezó a verse un tremendo progreso. Los hombres trabajaban con más velocidad que nunca. Varias personas se cayeron de sus puestos pero no sufrieron daño porque la red los sostuvo. No sólo se completó el proyecto a tiempo, sino que no se perdieron más vidas en el proceso.

De igual modo, es importante invertir tiempo y atención para entender cuáles son las "redes de seguridad de sus familiares, de sus amigos y de sus compañeros de trabajo. Si uno se toma el tiempo necesario para aprender cuáles son los procesos mentales y las necesidades que ellos tienen, podrá desarrollar esas relaciones en menos tiempo y sin lastimar a nadie. A continuación se detallan cuatro claves que recordar cuando uno está tratando de comunicarse con cualquier tipo de personalidad:

1. El tono de voz

Las personas tienen una característica semejante a la de los perros en que captan el tono de voz aún más que las palabras. No es posible enfatizar demásiado la importancia del tono de voz. Las investigaciones indican que la mayoría de lo que se comunica en un mensaje no son las palabras en sí, sino la cualidad y el volumen del tono de voz.

Haga este experimento en su casa con su perro; al mismo

tiempo pise fuertemente el piso grítele enojado a su perro: "¡Eres un buen perrito y me gustas!" Si su perro es normal, seguramente va a agachar la cabeza, meter la cola entre las piernas y se alejará de usted muy apenado. Mírelo, y en un tono alegre y dulce dígale "¡Eres un perro malo, desobediente y no sirves para nada!" Empezará a mover la cola alegremente, y va querer subírsele encima. Por supuesto que no entiende lo que le está diciendo, pero escucha el tono con que se lo dice.

Los **I** y los **S** son más susceptibles al tono que a las palabras. Como están tan orientados hacia las personas, para ellos es importante *sentir* el amor en vez de *escucharlo*. Incluso los **D** y lo **C** tienden a interpretar sus palabras de acuerdo con el tono de voz, y reaccionan negativamente cuando perciben un ambiente hostil. Por eso, a los matices vocales les corresponde un papel vital en sus relaciones. Conviene siempre recordar lo importante que es nuestro tono de voz.

2. El momento oportuno

Al tratar con cualquier tipo de personalidad, es sumamente importante hacer las cosas en el momento oportuno. Si vamos a ayudar a alguien o queremos influir positivamente en alguna persona, debemos hacerlo de tal forma que no se sientan amenazados. Confrontar a alguien respecto a su conducta cuando está fuera de control probablemente no dé buen resultado. Decirle a un **I** alto que no ha dejado de hablar por un buen rato, a tal punto que nadie más ha podido decir ni una palabra, sólo traerá en consecuencia que se ofenda, y que usted no le caiga bien. Para él será obvio que usted no es una persona bien intencionada. Sería más productivo esperar hasta un momento neutral y un lugar privado para compartir esta observación acerca de su personalidad y seguir siendo su amigo.

Considérelo de la siguiente manera: La mayoría de las personas tratan de ayudar a un alcohólico en el peor momento, ¡cuando está con usted y aún más, quizás trate de lastimarlo si usted interfiere. Es mucho mejor acercarse a el con una buena comida y hablar con él de forma inteligente, abierta, y honesta cuando está sobrio. Es la estrategia que da mejores resultados.

Analicemos también un ejemplo de la naturaleza: Supongamos que usted va a una huerta a cortar una manzana de un árbol. Tanto el árbol como la manzana son firmes y robustos. Se puede cortar la manzana sin provocar ningún daño. Pero ¿qué pasaría si al salir de la huerta usted ve un rosal en flor y decide cortar unas rosas? ¿qué pasaría si agarrase una flor y la tirase de la misma forma que lo hizo con la manzana? Se le llenaría la mano de pétalos porque ¡no se pueden cortar rosas de la misma forma que se cortan manzanas! ¡Qué concepto más profundo!

La diferencia que hay entre manzanas y rosas existe entre nosotros también. Tenemos que tratar a las manzanas y a las rosas de un modo diferente porque son diferentes. De igual manera, debemos tratar a las personas de forma individual por la misma razón. Si podemos empezar a adaptar nuestro estilo de presentación conscientemente a lo que se requiere en un momento dado, nos irá mejor y tendremos relaciones más productivas.

3. Reconocer la diferencia entre el control y el cambio

Una pregunta que se me hace con frecuencia cuando doy seminarios de personalidad en distintas ciudades es: "¿Podemos cambiar nuestra personalidad?" Quisiera responder con varias ideas.

En primer lugar, la cuestión principal no debiera ser el *cambio*. Firmemente creo que el énfasis debe estar en el control. ¿Puedo controlar mi personalidad? ¿Puedo, yo, como un **D**, ser dominante, tener bajo control ciertas circunstancias y a la vez, puedo ser sumiso y ayudar a alguien en su necesidad? Como **I** alto, ¿puedo ser inspirador, hablar en algunos momentos y en otros mantenerme callado y escuchar mientras habla otra persona? Como **S** ¿puedo ayudar alguien en un momento de necesidad, y también ser lo suficientemente enérgico como para decir "¡quisiera hacerme cargo de ese proyecto!"? Como **C**, ¡puedo ser cauteloso y querer que todo se haga correctamente, pero a la vez dar un paso de fe y arriesgarme de vez en cuando?

Siempre nos vamos a sentir más cómodos con las conductas que se derivan de nuestras tendencias básicas y de nuestro ambiente. Sin embargo, si usted quiere *adaptarse* - un término más preciso que "cambiar"- indudablemente lo puede hacer.

Si una persona derecha pierde su habilidad para usar esa mano, puede aprender a escribir con la mano izquierda. Quizás no se *sienta* tan cómodo como se sentía antes, pero se puede adaptar y *ajustar* con excelentes resultados. Si tenemos un fuerte deseo de hacerlo, todos podemos adaptarnos. Siempre nos será más fácil funcionar del modo más cómodo; sin embargo, es posible que esa comodidad no nos *convenga* a largo plazo y que no sea de provecho para nuestros *intereses*.

A través de la comprensión de los cuatro tipos de personalidad, podemos adaptarnos para tener mayor eficiencia y ser más efectivos en cualquier situación. Por ejemplo, si un **D** alto se alista en las fuerzas armadas de su país, aprenderá que conviene "ser más **S**" y hacer lo que se le diga. Pero cuando se le da de baja, su personalidad tipo **D** vuelve a surgir. Es deseable que por medio de la disciplina a que se vio sometido y la madurez que fue adquiriendo, haya aprendido el beneficio de controlar los impulsos de su personalidad en vez de tratar de cambiar su personalidad. Es maravilloso notar ciertos cambios como resultado del control propio, pero creo que el cambio en sí no debe ser el foco de atención.

Tengo un amigo que también tiene cuatro hijas. Me contó de la dificultad que tenía de ser cariñoso de forma espontánea con ellas ya que él no se crió con tanto contacto físico, con abrazos y besos. Aunque mi amigo ama a Dios, ha recibido terapia, y ama a sus hijas profundamente, sospecho que nunca cambiará su forma de "sentir". Le dije que no se preocupara por cómo se "siente"; que reconociera el reto, y que luego se controlara para llegar a ser tierno y amoroso con sus hijas, en vez de esperar hasta que sienta que puede *cambiar*. Primero se logra el control y luego llega el *cambio*.

4. Cómo ver realmente a las personas

Esta botella es un ejemplo práctico que demuestra la forma en que típicamente observamos y evaluamos a las personas. Con frecuencia nos guiamos por lo que vemos en la superficie. En la imágen de abajo, la parte superior de la botella representa la personalidad de "superficie" que se lee:` "cordial, informal, atento, culto". La mayoría de las personas (de cualquier tipo de personalidad) funciona a un nivel "cordial, informal, atento, culto" cuando se les presenta a alguien. Todos queremos crear una primera buena impresión, y sabemos que nos relacionamos mejor con los demás - especialmente con aquéllos que no conocemos bien - cuando empleamos una conducta cordial y cortés. De forma que esta conducta informal, "el lado bueno", extrovertido, orientado hacia las personas es el que se ve, sobre todo, cuando disfrutamos de una comida, de un acontecimiento deportivo o cuando funcionamos a un nivel superficial con los demás.

Pero esto no es el contenido de la botella, es apenas el vacío que le sobra. La personalidad real se revela cuando se "destapa" la botella y comienza a desarrollarse una relación. A medida que nos acercamos y se forma una relación más familiar se va revelando nuestra verdadera personalidad. El contenido real de la botella está debajo de la superficie.

Supongo que podríamos extender la analogía hasta un extremo, diciendo que la "efervescencia" del refresco o la falta de ella es como una personalidad u otra... O que el modo en que la gaseosa forma espuma al ser sacudida es parecido a lo que ocurre cuando alguien con cierta personalidad es sacudido... o que algunas personas son "descafeinados" en su personalidad mientras que otras "despiertan el ánimo" ... O que una personalidad es genuinamente dulce, mientras otra usa una dulzura artificial. A lo que quiero llegar es que lo que observamos en la superficie no es una indication confiable del contenido de la personalidad real de la gente.

Como broma digo en mis seminarios que el período del noviazgo es una de las experiencias más engañosas entre los humanos. Le ofrecemos a la persona que nos interesa, nuestra naturaleza cordíal, informal, atenta, culta, como si fuéramos así. En realidad estamos tapando nuestras debilidades para crear la mejor impresión posible. Con el tiempo, después de "conquistar" al compañero o compañera que hemos cortejado, bajamos la guardia y se revela nuestra "verdadera" personalidad. Es por eso que a veces maridos y esposas terminan diciendo "¡Tú no eres la persona con quien me casé!" Sí es la persona con quien se casaron... sencillamente no la conocían lo suficiente.

Cuando les doy el Análisis del estilo de personalidad a las parejas que aconsejo, se les revelan sus respectivas personalidades. En la consejería prematrimonial comparto cuáles son las verdaderas tendencias de cada persona para darle a la pareja un vistazo de la realidad. Si una pareja ya está casada les explico que a pesar de que los opuestos se atraen, tarde o temprano ¡se atacan!

Debemos aprender a ver la vida más allá de nuestra limitada perspectiva personal y aprender a verla desde el punto de vista de nuestra pareja. Si usted estuviera parado de espaldas con su pareja, es evidente que cada uno tendría una vista diferente. Cada uno de ustedes vería cosas que el otro no ve. Nos conviene escuchar lo que dice el otro cuando describe lo que está viendo. Ese punto de vista nos ayudará a entender y complementar otras vistas que no se pueden ver o apreciar claramente con los lentes limitados de nuestra personalidad.

Cuando las personas se conocen por primera vez o empiezan a salir, se esmeran por ser amables el uno con el otro. Los buenos modales dictan esa necesidad, a menos que a usted no le importe el rechazo de la gente. Pero sólo después de haber trabajado juntos a diario por un tiempo, o después de viajar juntos por un período prolongado, o después de dar sus votos matrimoniales, recién entonces se comienzan a conocer a las *verdaderas* personas.

En este momento, una persona decide si va a continuar o no ejerciendo control, mostrando las características atractivas de su personalidad cordial, informal, atenta y culta. Hacerlo va a ayudarlo a mantener buenas relaciones, mientras que perder el control de su personalidad va a ofender a aquéllos con quienes se vincula comúnmente. Cada uno de nosotros toma esa decisión, ¡aunque no lo *sepamos*... y aunque no nos *guste!*

Dr. Robert A. Rohm

¿El modelo D-I-S-C armoniza con las Escrituras?

Con frecuencia se me pregunta: "Si es tan importante esta información acerca de la personalidad, ¿por qué no se encuentra en la Biblia? Siempre contesto de dos formas:

En primer lugar, *toda verdad* pertenece a Dios y todo lo que está en la Biblia es verdad. Sin embargo, hay muchas "verdades adicionales" que Dios opta por no incluir en la Biblia, como las tablas de multiplicación, la tabla periódica de los elementos químicos, la penicilina, y otras. Dios supone que aprenderemos muchas cosas de fuentes que no son la Biblia. La carta a los Romanos explica que podemos aprender muchas verdades por medio de la observación del mundo natural (Romanos 1:20). Es vital que examinemos las "verdades adicionales" a la luz de la Palabra de Dios, en vez de intentar examinar la Palabra de Dios a la luz de alguna "revelación nueva". Pero no podemos descartar el conocimiento, pues de hecho, tuvimos que poseer el conocimiento de cómo leer, antes de poder leer la Biblia.

Parte de la resistencia que sienten muchos cristianos en abordar el tema de los temperamentos u otras explicaciones de la condición humana, es su temor a que algunas teorías que no se basan en la Biblia lleguen a reemplazar a las Sagradas Escrituras.

De hecho, algunas enseñanzas sobre el modelo de la conducta humana en "cuatro temperamentos" han dejado la impresión en algunos, de que de esa manera, tienen una excusa para su conducta descontrolada, en vez de un medio para adquirir la capacidad de controlarla. En efecto, puede llegar a ser una especie de "astrología para cristianos" cuando los creyentes dicen algo así como: "Bueno, soy sanguíneo... soy un I alto acentuado ... y así es como funciono". "Es mi estilo de personalidad ser negativo, así que aprende a aceptarme tal como soy." "Si Dios realmente me amara, no me hubiera dado un perfil de personalidad tan tonto; ahora no hay forma de quitármelo de encima aunque no me gusta." No hay gran diferencia entre esas "excusas de personalidad" y una persona que no cree que Dios existe y que dice: "Mi signo zodiacal es Aries y este es mi destino".

La Biblia nos dice que sujetemos todos nuestros pensamientos a la obediencia a Cristo. Sencillamente, eso significa que debemos examinar e interpretar todos los aspectos de nuestra vida de acuerdo con la sabiduría y la verdad de Dios, manteniéndonos en armonía con ellas. Se nos exhorta a tener la mente de Cristo, lo cual significa que Dios quiere que nuestra personalidad, nuestro corazón y nuestras acciones se conformen alas de El; que estén equilibradas y sean sensibles. Empezamos a lograr ese equilibrio y sensibilidad al entender nuestras fortalezas y nuestras debilidades.

En segundo lugar, creo que el entendimiento u comprensión que ofrece D-I-S-C se encuentra en muchas partes de las Escrituras, aunque no se lo denomine como tal. Quizás usted se pregunte "¿ Jesús fue un 'D', un 'I', un 'S' o un 'C'?" A esa pregunta yo respondo enfáticamente que sí. La vida de Cristo revela todos los rasgos positivos de cada tipo de personalidad. El fue el balance perfecto de los cuatro tipos. Controlado por el Espíritu Santo y entregado a los propósitos de Su Padre, creo que Jesús demostró la personalidad integrada y completa que Dios planeó para la humanidad. Nos maravillamos ante Su humanidad no estropeada por el pecado. Cuando comparamos nuestras personalidades fragmentadas con la suya, notamos la distorsión de la imagen divina en nuestras propias vidas producida por una "naturaleza humana" contaminada.

En los Capítulos 2 al 5, citamos personajes del Nuevo Testamento como ejemplos de cada tipo de personalidad. Además de aquellos ejemplos, en I Corintios 9:22, el Apóstol Pablo llama la atención a un aspecto interesante de la personalidad humana. Así dice: "Entre los débiles me hice débil, a fin de ganar a los débiles. Me hice todo para todos, a fin de salvar a algunos por todos los medios posibles". Uno no se puede adaptar a la personalidad de otro si no entiende primero los tipos de personalidad. Es fácil ganar gente para Jesús después que uno se los gana como amigos. En efecto, Pablo dijo: "Se cómo crear una buena relación de comunicación. Me he vuelto especialista en conocer a los demás y en adaptarme a ellos". Ese es el objetivo de nuestro estudio: formar mejores relaciones.

¿Cómo expresó Cristo los distintos tipos de personalidad?
A continuación damos varies ejemplos:

 Cuando Jesús entró en el templo, volcó las mesas y echó fuera a los cambistas, ¿era esa la "personalidad normal" de Jesús? No lo creo. Aunque los cuatro evangelios relatan la historia, sólo Juan revela que El se "sentó e hizo un látigo de cuerdas" antes de regresar al patio del Tempo (Juan 2:14-17). ¿Acaso traía consigo un kit para armar látigos"? No, lo que hizo fue que juntó los materiales que le hacían falta, se sentó e hizo un látigo. ¿Qué ejemplo más patente de fuerza bajo control! El hecho de echar a los cambistas no fue un arranque de ira; El no estaba fuera de control. Lo que pasó fue que "manifestó su personalidad tipo D" ese día, porque tenía que ejecutar una acción tipo D: *decidida, directa, dura, dinámica*. Con el látigo y la voz de mando dijo: "¡Fuera! Esta es la casa de mi Padre. Es una casa de oración y ustedes la han convertido en un mercado. ¡Fuera de aqui!"

¿Alguna vez se ha preguntado por qué los guardias del templo no agarraron a Jesús, suprimiendo por la fuerza su acción? Consideremos lo siguiente: Jesús era carpintero. ¿Dónde cree que conseguían los carpinteros la madera que trabajaban? Cortaban sus propios árboles de los bosques. La imágen que tenemos de

Jesús como una persona suave, mansa y débil es incorrecta. Creció con el hacha en la mano. Muhammad Ali una vez se entrenó para un campeonato de boxeo de peso pesado cortando árboles... ¡ganó por un golpe que derribó a su adversario en el primer asalto! Luego comentó: "Nunca vuelvo a entrenarme así. Estaba demasiado preparado para esa pelea. ¡Cortar árboles es lo más difícil que he hecho en mi vida!

Me imagino que en aquella ocasión en el templo alguien dijo: "¡Agarren a ese hombre y deténganlo!" Otra persona probablemente dijo: "Si le está molestando, ¿por qué no va usted a agarrarlo?" Me imagino que era un hombre imponente y que cuando dijo "¡Fuera de aquí!", todos se fueron.

Repito, no era el método que tenía como norma para tratar a la gente o para resolver problemas. Sin embargo, la Biblia demuestra en varias ocasiones que El era capaz de manifestar su D cuando la situación requería firmeza.

 En otra ocasión, Jesús demostró su perfil I. ¿Se lo imagina ante 4,000 hombres, más las mujeres y los niños que los acompañaban (Mateo 15:29-39)? La mayoría del tiempo le encantaba estar con las multitudes y siempre tenía presente sus necesidades. En este caso, había pasado ya tres días con ellos, *inspirádolos, influenciándolos, interactuando* con los presentes de manera *interesante*. De pronto dijo: "Esta gente tiene hambre... comamos. ¿Qué hay para comer?" Sus discípulos lograron reunir siete panes y unos cuantos pescaditos ahumados. Seguramente, Jesús pensó: "Ahora nos hace falta comer. Que se sienten todos. Yo invito". Los I alto hacen esto casi sin pensar: hablemos... comamos. Jesús sabía que su estilo de personalidad inspirador, *influyente, interactivo* e *interesante* era eficaz.

Cuando una amiga mía leyó esta parte del manuscrito comentó "Todos los I acentuados que he conocido son tan llamativos e incluso ostentosos ante un público numeroso, pero no me puedo imaginar a Jesús fuera de control como un I" alto. ¡Que comprensión magnífica! El comportamiento de Jesús en este entorno demuestra un **I** *bajo control*. El hecho de exhibir estos tipos de personalidad de forma equilibrada demuestra una personalidad controlada por el Espíritu Santo.

Jesús "aumento su **S** " cuando lavó los pies a los discípulos y nuevamente, cuando con gusto recibió a los niños. Sus discípulos habían quitado a los niños de en medio, dándole prioridad a los adultos más importantes. No querían que el Maestro se molestara con caritas sucias y conversaciones sin mayor importancia. Pero, El les dijo: "Dejen que los niños vengan a mí, porque de los tales es el reino de los cielos" (Mateo 19:13-15).

Los niños pueden interpretar a los adultos muy bien. ¿Hubieran querido estar con El si lo hubieran percibido como un **D** o como un **I** fuera de control? ¿Hubieran entrado en confianza con El si lo hubieran percibido como un **C** cauteloso? Lo que los atrajo fue su corazón *sensible, sosegado, suave, eStable, seguro* y *servicial*. El los tomó en sus brazos y los bendijo. Sabía cómo ajustar su personalidad a la situación, para que los niños se sintieran cómodos acercándose a El y se sentaran en su regazo.

En otra ocasion, Jesús ejercitó su perfil **C**. Me gusta mucho la perspicacia que El muestra en esta historia. En cierta ocasión, los escribas y los fariseos le preguntaron: "¿De dónde procede la autoridad con que haces estas cosas?" A los tipos **C** alto les encantan las preguntas. Así que, Jesús les volteó la mesa. "Antes de contestarles les haré yo también una pregunta... ¿De dónde procedía la autoridad de Juan (el Bautista)?" Le respondieron: "¡Un momentito!"... y se retiraron de la multitud para analizar entre sí lo siguiente: "Si decimos que Juan hablaba como un hombre, la multitud nos apedreará por que creen que fue un profeta. Pero si decimos que su autoridad procedía de Dios, Jesús nos preguntará por qué no le creímos". De modo que regresaron a Jesús y dijeron: "No podemos responder a esa pregunta". Jesús les dijo entonces: "Yo tampoco les responderé la pregunta que me han hecho". Y la Biblia dice:... a partir de entonces "no osaron preguntarle nada más" (Lucas 20:1-40).

De esta forma, Jesús mostró su modo de pensar *competente, concienzudo, correcto* y *crítico*; mostró su habilidad de estar ser *consistente* en su trato con esos cautelosos, calculadores y controladores que eran los escribas y fariseos. Es queJesús sabía cómo tratar a la gente: ¡No meramente "ojo por ojo y diente por diente", pero sí de acuerdo con el tipo de personalidad de cada quién, en este caso concreto, !C por C!

El caso de adaptación de la personalidad de Jesús que más ilustra su capacidad de adaptarse a los diferentes tipos de personalidad y de situaciones se encuentra en Juan 11:14-35. Su amigo Lázaro se había muerto y Jesús fue a ver a la familia. Marta se adelantó al verlo y dijo: "Señor, si hubieras estado aquí, mi hermano no habría muerto". El le respondió "Marta, tu hermano volverá a vivir". "Sé que volverá a vivir - le dijo ella cuando los muertos resuciten en el día último". Jesús añadió:

"Yo soy la resurrección y la vida; el que en mí cree, aunque esté muerto vivirá. ¿Crees tú en esto?" Ella le respondió: "Creo que tú eres el Mesías, el Hijo de Dios". Marta se acercó a Jesús con esas inquietudes... y Jesús le dio "respuestas de calidad".

Unos versículos más adelante, se nos narra que la otra hermana, María, también se aproximó a Jesús y le dijo: "Señor, si hubieras estado aquí, mi hermano no habría muerto". Ella usó precisamente las mismas palabras que Marta. Sin embargo, para responderle, las Escrituras dicen que "Jesús lloró".

Podríamos decir: "Un momentito Señor, no entiendo. Marta se te acerca y le das explicaciones. Maria dice lo mismo, y comienzas a llorar. ¿Por qué?" Estuve orando acerca de esto y, de pronto, se me iluminó el espíritu. Marta se había dirigido a Jesús con una *mente* llena de dudas, así que El le dio una explicación con respuestas de calidad. María llegó a El con un *corazón* destrozado, por eso, le respondió con *lágrimas*. ¡Qué maravilloso !Jesús ajustó su trato porque sabía que sus necesidades eran muy distintas. Si uno analiza otros pasajes referentes a las dos hermanas de Lázaro, se dará cuenta que tenían personalidades muy diferentes. (Ver Juan 12:1-7 y Lucas 10:38-42.) Si nosotros pudiéramos adaptar la forma en que nos relacionamos con las personas, notaríamos una gran mejora en dichas relaciones.

En Romanos 15:2 se afirma: "Cada uno de nosotros debe agradar a su prójimo para su bien, para contribuir a su desarrollo". ¿Cómo podemos llevar a la práctica esta verdad sin comprender los tipos de personalidad? Confío que una vez leído este libro, esté usted mas capacitado para aplicar este mandato. De ser así, me habrá ayudado a cumplir ese mandato al escribirlo. Son éstas las situaciones que considero mutuamente beneficiosas y por eso, encaminé mis esfuerzos a este fin. Gracias por leer este libro. Espero que este tiempo que hemos pasado juntos haya sido de provecho. *¡Que Dios lo bendiga!*

Dr. Robert A. Rohm

Apéndice

La singularidad del niño

El texto hebreo de Proverbios 22:6 dice literalmente: "Instruye [comienza] al niño de acuerdo con su camino [*el del niño*]... " Hay una gran diferencia entre instruir al niño según el camino del niño (es decir, animándolo a comenzar el camino que le conviene a él) y enseñarle de acuerdo con un camino escogido, aconsejado e impuesto por sus padres. Aquella forma está en armonía con la inclinación, disposición, talentos y dones dados por Dios. El pasaje considera la singularidad del niño; no trata a todas las personalidades en desarrollo de la misma manera.

Según esta traducción e interpretación del texto, le corresponde al *niño* escoger el camino correcto. Una cosa es que un padre anime, nutra, guíe e informe para que su hijo *mismo* esté preparado para escoger el camino adecuado; otra muy distinta es que un padre escoja el camino del niño. Esto es esencial para entender este versículo.

Quisiera recalcar que esta interpretación no descarta el papel de los padres como maestros de la verdad bíblica y de la tradición, sino que proporciona una comprensión más profunda del proceso educativo hebreo, el cual, dicho sea de paso, concuerda con ciertas escuelas modernas progresistas de educación.

Este proceso de "enseñanza" comienza al tratar de ajustar el contenido y los métodos de enseñanza a la personalidad, las necesidades, el nivel y la etapa de desarrollo en la vida de un niño. No sugiere adaptar al niño a las exigencias de un programa de estudio inflexible. La palabra hebrea traducido como "niño" en Proverbios 22:6 no significa necesariamente un "bebé" o "niño pequeño"; su uso más de 200 veces en las Escrituras revela una gran variedad de significados que abarcan desde la niñez hasta la madurez. Por lo tanto, no queda descartada la habilidad de un "niño" para ejercer más y más su libertad individual por medio de sus opciones personales, aunque en *base a la información* provista por sus padres.

Un camino difícil

En cuanto a su aplicación, esta interpretación de Proverbios 22:6 deposita una responsabilidad especial en cada padre. Los padres deben observar a cada hijo con cuidado y tratar de proporcionarle oportunidades creativas para su realización individual. Además, deben ser sensibles en cuanto al rumbo que la vida del niño ha de tomar de manera natural, pues es únicamente al andar por ese camino que el niño va a realizar su potencial dado por Dios y va a encontrar su plena realización.

Elizabeth O'Connor interpreta de manera convincente cómo se puede aplicar este Proverbio:

"La vida de cada niño da señales e indicios de la dirección que ha de tomar. Los padres que saben actuar de mediadores almacenan estas señales e indicios y reflexionan sobre ellos. Hemos de atesorar los indicios del futuro que nos da cada niño para ayudarlo a realizar su destino, en lugar de ponerle inconscientemente obstáculos. Este no es un camino fácil a seguir. En lugar de decirle a los niños lo que deben hacer y lo que deben llegar a ser, debemos ser humildes ante su sabiduría, creyendo que en ellos, y no en nosotros, está el secreto que deben descubrir." (O'Connor, Elizabeth, *Eighth Day of Creation* (*El octavo día de la creación)*, Waco, TX: Word Books, 1971, página 18.)

Esto es difícil. Pero cuando los padres se dan cuenta de que su responsabilidad principal es fácilitar y enseñar al niño a escoger el sendero correcto, recién entonces podrá el niño "realizar su destino". Aquí yace una clave educativa importante para que el aprendizaje sea una dulce y agradable aventura.

Adaptado de: Our Father Abraham:

Jewish Roots of the Christian Faith

(*Nuestro padre Abraham: raíes*

judías de la fe cristiana)

(Gran Rapids, MI: Eerdmans

Publishing Company; Center for

Judaic-Christian Studies, 1989,

páginas 291-294)

Dr. Robert A. Rohm

Nota de las traductoras

La tarea de trasladar los conceptos expresados en *Positive Personality Profiles* de forma que llegara al lector hispano, nos obligó tanto a profundizar en el tema del libro como también a adaptar expresiones, refranes, proverbios y anécdotas. Hemos respetado en líneas generales algunos recursos del texto original, no tan usados en el castellano, para mantener el aspecto visual medíante el cual el autor destaca aspectos del contenido.

Junto con el Dr. Robert A. Rohm, y los apreciados colaboradores mencionados más adelante, esperamos que esta publicación del libro *Positive Personality Profiles*, en su versión traducida, *Descubra su verdadera personalidad,* sea de interés y beneficio personal para el lector de la lengua castellana.

Acerca de las traductoras

Otmara González ha ejercido como traductora e intérprete en Cuba, su país de origen, y como traductora en la ciudad de Atlanta. Cursó el "Programa de formación de profesores en lengua inglesa" en la Universidad de La Habana y actualmente estudia el "Programa de especialización en traducción" en Georgia State University (Universidad del Estado de Georgia). Es miembro de la Asociación de Traductores de los Estados Unidos y de la Asociación de Traductores e Intérpretes de Atlanta.

Es graduada de la Universidad de La Habana como Licenciada en Psicología. En 1984 obtuvo el grado de Doctor en Psicología en el campo de la Psicología infantil y de la educación. Fue profesora de la Facultad de Psicología y del Centro de Estudios para el Perfeccionamiento de la Educación Superior de la Universidad de La Habana. Ha ofrecido cursos como Profesora visitante en varias universidades de México, Ecuador y Brasil.

Es consultora certificada de la conducta humana. Junto a Rebeca Ismay ha participado en talleres y con grupos de personas para profundizar en las posibilidades del Sitema Absoluto de Descubrimiento como instrumento para el estudio de la personalidad, así como para nutrir al libro del contenido cultural que requería el proceso de su traduccion al castellano.

Rebeca Ismay ha trabajado profesionalmente en la traducción e interpretación por unos diez años. Estudió en el programa de postgrado de Interpretación y Traducción de Georgia State University (Universidad del Estado de Georgia) en Atlanta de la cual recibió el Certificado de Intérprete de Conferencias Internacionales. Ha sido miembro acreditado de la Asociación de Intérpretes y Traductores de Atlanta y actualmente es miembro acreditado de la Asociación de Traductores de los Estados Unidos. Creció en Córdoba, Argentina, manejando el uso del inglés en el hogar y el uso del castellano en el contexto socio-educativo y cultural.

Es Consultora certificada de la conducta humana. Ha dictado talleres sobre la personalidad en castellano, usando los materiales de Personality Insights, Inc. que se están adaptando al español. En el proceso de la traducción de este libro, se ha reunido con grupos pequeños de colaboradores para profundizar, o bien D-I-S-C-ernir los temas de Descubra su verdadera personalidad.

Reconocimiento de colaboradores para la versión en castellano

En particular quisiéramos destacar por su asistencia en la revisión del libro entero y por sus aportes de ilustraciones a las siguientes personas:

El **Sr. Ernesto R. Fernández** oriundo de Cuba, graduado de bachiller en ciencias de Candler College en La Habana. Fue profesor de Voz y dicción en la Academia de Teatro de la ciudad de La Habana. Actualmente escribe regularmente en un semanario en español editado en la ciudad de Atlanta.

El **Sr. Yamil Brenes Roldán,** Entrenador Jefe de selección nacional y olímpica de Costa Rica en natación y en triatlon (1986-88, 1990-92, 1996 y desde 1996 respectivamente), fundó y fue presidente de la Asociación de entrenadores de centroamérica y del caribe. Estudió en la universidad de Costa Rica y luego en la Universidad Saint Petersburgo, Rusia. Actualmente es profesor universitario y orador.

En el proceso de la adaptación de *Positive Personality Profiles* a la cultura y al idioma hispano, nos nutrimos de un grupo decolaboradores de origen hispano: mexicanos, nicaraguenses, colombianos, ecuatorianos, argentinos, cubanos, puertorriqueños y otros. Nos brindaron su ayuda incondicional; algunos en grupos de charlas aportando posibles anécdotas, o comentarios para enriquecer nuestra comprensión; otros con comentarios sobre la lectura de capítulos específicos de interés personal; otros con asistencia logística para los talleres; otros con letras de canciones citadas o poesías; todos con su entusiasmo. A cada uno de ellos, quienes mencionamos en orden alfabético a continuación, queremos expresar nuestro agradecimiento.

Diana Alfonso

Alberto Barón

Mercedes Benites

Dr. Fausto Cuervo Arango

Eduardo Fernández

Ofelia Fernández

Normando Ismay

Mónica Jaldón

Ada López

Victor López

Manuel Lozano

Elzbieta Malinowski Gajda

María Gladys Marín

Gloria Patiño

Patricia Payares

María del Carmen Peña

Fernando Restrepo

Mariela Restrepo

Neysa Rivera

Francisco J. Rivera

Lucero Robledo

Gilberto Ruiz

Pablo Sheetz

Nicoletta Smareglia

Boris Trucco

Acerca del autor

El Dr. Robert A. Rohm es el presidente de *Personality Insights, Inc.* en Atlanta, Georgia. Se ha dirigido a públicos en casi cualquier situación concebible: en negocios, escuelas, iglesias, grupos de niños, hogares para ancianos, cruceros, hospitales, universidades, y convenciones. Ha viajado por los Estados Unidos, Canadá, Europa, Asia y Australia dando conferencias, enseñando y capacitando a la gente para mejorar sus relaciones.

Dr. Rohm ha trabajado con varias iglesias en calidad como pastor de educación de adultos, pastor adjunto; también como maestro con Zig Ziglar. En el campo de la educación, ha sido maestro, administrador de escuela y supervisor de desarrollo de plan de estudios.

Dr. Rohm es egresado del Dallas Theological Seminary (Seminario Teológico de Dallas) donde fue reconocido por su trabajo sobresaliente mientras cursaba su maestría en teología. Recibió su doctorado en Administración de educación superior y consejería en la University of North Texas (Universidad del Norte de Texas). Recibió el premio "Joven Sobresaliente del año" de una organización de servicios cívicos y es ampliamente reconocido como un individuo influyente en la región sur y sudoeste de los Estados Unidos. Es miembro de la Asociación Estadounidense de Consejeros Cristianos.

Dr. Rohm es Maestro Consultor certificado de la conducta humana. Enseña a los padres maneras específicas de entender y motivar a sus hijos, y a los adultos formas de mejorar su capacidad de comunicación. Ha sido el orador principal de banquetes, seminarios, graduaciones y talleres en los Estados Unidos. Tambien fue invitado por la cadena PBS (*Public Broadcasting Service*) para grabar sus presentaciones.

Su combinación singular de humor, anécdotas e ilustraciones hace que sea un orador popular con personas de todas las edades. Es autor y coautor de varios libros como, *Tú tienes Estilo, Presentar con Estilo, Un tip en la dirección correcta y Hijos Diferentes, Necesidades Diferentes*, entre otros.

Tú tienes Estilo

Por el Dr. Robert A. Rohm

Este libro es su guía personal para relacionarse con los demás. Es entretenido e informativo, le ayudará a entender las necesidades de los demás con el fin de alcanzar el éxito mediante la comprensión de sí mismo y de los otros. También le ayudará a construir mejores relaciones humanas y equipos más productivos. El Dr. Rohm destaca el principio de que no podemos cambiar a los demás, pero sí podemos cambiar nuestra percepción de los estilos de personalidad de otras personas y por lo tanto mejorar como nos relacionanamos con ellos.

Presentar con Estilo

Por el Dr. Robert A. Rohm y Tony Jeary

Una colaboración entre Tony Jeary (*Es Señor Presentación*) y el Dr. Robert Rohm (*Comunicador de Clase Mundial*) este libro es indispensable para cualquiera que quiera presentar algún tipo de producto ó servicio. Tambén para el que ya lo hace profesionalmente. Es un recurso invaluable.
Incluye capítulos completos sobre las 6 Ps... Preparar, Planear, Practicar, Personalizar, Presentar y Persuadir.

Hijos Diferentes, Necesidade Diferentes

Por el Dr. Charles G. Boyd
con el Dr. Robert A. Rohm

Para ayudar a los padres, maestros y consejeros a comprender que cada niño tiene un diseño único. Es responsabilidad de los adultos de adaptarse a su estilo de personalidad en vez de esperar que el niño responda a la perspectiva del adulto. Este libro incrementará su capacidad de adaptación y le mostrara nuevas formas de alentar a los niños.
Con una sección de cómo manejar el conflicto.

www.personalityinsights.com/spanish.html

Informe de Descubrimiento

INFORME DE
Descubrimiento

Test de personalidad en línea (41 páginas)

El Informe de Descubrimiento está basado en los resultados de una sencilla evaluación de la personalidad en línea que le llevará sólo unos 15 ó 20 minutos en acabar y es completamente personalizado. Descubra su estilo con precisión y luego descubra las claves para su éxito.

Este informe de más de 40 páginas incluye explicaciones (con cuadros y gráficos) de los cuatro tipos de personalidad del Modelo de Comportamiento Humano DISC, así como las mezclas de los diferentes tipos en cada persona.

Este informe personalidad es muy útil para el uso profesional y uso personal. Usted aprenderá mucho acerca de sus puntos fuertes, estilo de comunicación, toma de decisiones y obtener conocimientos estilo para relacionarse con los demás y mejorar su capacidad de relacionarse con los demás.

Rotafolios DISC

Básico

Guía rápida de consulta con información detallada sobre las fortalezas, los problemas y estrategias para cada estilo de personalidad. (*tamaño carta*)

Para los padres...

Juego de 4 rotafolios, diseñados para padres. Comprende las combinaciones Padres e Hijos de los estilos de personalidad DISC. (*tamaño carta*)

www.personalityinsights.com/spanish.html

Guillermo Atenco
AMWAY (IBO) 5729312
1773 366 2043

Personality
INSIGHTS
PRESS

Personality Insights Inc.

Post Office Box 28592
Atlanta, GA 30358-0592.
www.personalityinsights.com